Anna MANCINI

MAAT, LA PHILOSOPHIE

DE LA JUSTICE DE L'ANCIENNE EGYPTE

Buenos Books International

© Anna MANCINI
Editeur: BUENOS BOOKS INTERNATIONAL, PARIS
http://www.buenosbooks.fr
E-mail: BuenosBooks@free.fr

ISBN: 978-2-36670-014-5 (3ème édition)

Avec mes remerciements:

- à Madame Gisèle PIÉRINI, du Musée d'Archéologie Méditerranéenne de Marseille, pour son chaleureux accueil au Musée et son aimable permission d'utiliser pour la couverture de cet ouvrage la scène de la justice du Sarcophage de KHONSOU.MES (cuve) XXIème dynastie, inv. 253[1], photographiée par moi-même et pour la première page la photographie de la statuette de Mat (Basse Epoque Inv. 679) réalisée par Yves GALLOIS.

-à Monsieur Jacques BERCHON, pour son aide et son accueil à la Bibliothèque d'Egyptologie du College de France.

Illustrations:

Croquis d'après le papyrus d'Hunefer, réalisé par l'auteur.

Photographie statuette de de Maat, par Yves Gallois

Photographie de la scène de la justice réalisée par l'auteur

AUTRES OUVRAGES DU MÊME AUTEUR

Les solutions de l'ancien droit romain aux problèmes juridiques modernes, l'exemple du droit des brevets d'invention,
ISBN: 291549505X, Buenos Books International, Paris

Justice et Internet, une philosophie du droit pour le monde virtuel, ISBN: 2915495106, Buenos Books International, Paris

Ces titres sont aussi disponibles en version électronique sur le site de Buenos Books International (www.BuenosBooks.com) et chez les libraires en ligne
(par exemple Amazon.com).

Les versions espagnoles et anglaises de ces ouvrages ont été publiées par:
BUENOS BOOKS AMERICA
www.buenosbook.us

INTRODUCTION

L'EGYPTE: UN MONDE TOURNE VERS LA JUSTICE

Les vestiges de la civilisation égyptienne témoignent très clairement de l'intérêt que portaient les anciens Egyptiens à la Justice. C'était une civilisation aux antipodes de la nôtre en ce sens qu'elle s'intéressait beaucoup à la justice et très peu au droit. Elle ne nous a pas légué, comme l'ont fait les anciens Romains, un système juridique,[1] mais un concept de justice, que nos mentalités modernes ont du mal à comprendre. Il est en effet difficile de trouver des vestiges de textes juridiques dans l'Egypte antique: seuls quelques textes d'époque tardive et ce que les égyptologues considèrent comme le premier traité de droit international[2] sont arrivés jusqu'à nous. Pourtant, le thème de la justice se retrouve dans les moindres actes de la vie courante. Presque tous les textes et inscriptions hiéroglyphiques parlent de la justice. Elle concerne non seulement la vie terrestre, mais aussi l'après-vie. De ce fait, malgré le titre de son ouvrage: *La notion du droit d'après les Anciens Egyptiens*, Monsieur Joseph SARRAF est contraint de souligner, lui aussi, l'importance de la justice dans le monde égyptien et de constater la rareté des textes purement juridiques.[3] Tous les textes de sagesse enseignent qu'il faut se conformer à Maat, concept que les égyptologues ont traduit par "déesse de la Vérité-Justice" et les *Livres des Morts des Anciens Egyptiens* nous apprennent que c'est à l'aune de la Justice que le défunt[4] sera jugé au moment de la mort, lorsque son coeur sera pesé sur la balance de Maat. Ce passage par la balance est représenté dans les vignettes qui illustrent les textes de nombreux papyri funéraires. La porte obligée de passage vers l'au-delà étant la balance de Maat; il est facile de comprendre à quel point le concept de justice constituait le pivot central de cette civilisation aujourd'hui disparue, qui se préoccupait tant de l'après-vie. Il n'est donc pas étonnant que Maat, "déesse de la Vérité-Justice" soit omniprésente, elle apparaît dans presque tous les textes qui ont été retrouvés, qu'ils soient des textes de sagesse, des papyri funéraires, ou des inscriptions hiéroglyphiques recueillies sur les murs des temples. Les informations sur Maat ont été recueillies, non seulement à travers la traduction des hiéroglyphes, mais aussi à travers les images: Maat c'est la déesse à la plume blanche, celle encore qui tient la croix Ankh symbole de vie. A travers les vestiges de la civilisation égyptienne, il ressort que toute la vie égyptienne est régie par Maat. Dans une telle société, il n'y a pas de différence entre justice divine et justice humaine, l'homme juste sur la terre est aussi l'homme juste dans l'au-delà. Il est récompensé par l'abondance de vie, par la prospérité sur terre et aussi dans l'au-delà. L'Egypte comme "don du Nil"[5] est marquée par une prospérité matérielle qui n'a pas étouffé son élan vers un idéal élevé de justice. Mais ce concept de justice est tellement différent du nôtre que les Égyptologues et historiens des religions n'ont pas réussi à percer le secret de Maat.

CHAPITRE 1

LA JUSTICE EGYPTIENNE A TRAVERS L'EGYPTOLOGIE ET L'HISTOIRE DES RELIGIONS

Section 1: Maat[6] (Déesse de la Justice): nourriture des dieux et des hommes

De nombreux auteurs, s'appuyant sur les textes déchiffrés et sur les représentations de l'offrande de Maat dans les temples, la présentent comme la fille du dieu-soleil Râ[7] comme sa mère[8] et aussi comme sa nourriture et la nourriture de tous les dieux.[9] Dans son ouvrage *Maat et Pharaon ou le destin de l'Egypte antique*, Monsieur Jean-Claude GOYON la présente comme: "la 'fille et vie' de Rê, le créateur solaire".[10] Alexandre MORET écrit que lors du rituel de l'offrande de la Maat:

"...l'officiant définit Maat: la fille, la chair, l'âme, la parure, le vêtement, la nourriture solide et liquide du dieu, et le souffle de vie qui l'anime".[11]

Les égyptologues et les historiens des religions sont unanimes pour souligner la place centrale de Maat dans la pensée égyptienne. En effet, Maat fait l'objet du plus important rituel d'échange entre le Pharaon et le soleil. Celui-ci consiste à "faire remonter la Maat vers son père le soleil", c'est-à-dire à rendre au Soleil la lumière qu'il donne afin de lui permettre de toujours en donner. Ce rite d'échange entre le Pharaon et le soleil a été récemment étudié de manière exhaustive par Madame Emily TEETER[12] dans son ouvrage intitulé: *The presentation of Maat, Ritual and legitimacy in ancient Egypt*. A travers son grand intérêt pour l'observation dans les temples de la scène du rituel de l'offrande de Maat par le pharaon ou le roi, l'auteur démontre notamment que Maat y apparaît comme la nourriture du soleil[13] et aussi comme la nourriture de tous les dieux. Mais que signifie, au juste, Maat, terme souvent traduit par "Vérité-Justice"? Que signifie Maat, peinte sur les murs des tombeaux ou dans les vignettes des papyri, sous forme d'une déesse portant sur la tête une plume blanche? Elle peut aussi être indifféremment représentée uniquement par une plume blanche, ou par une statuette qui la montre dans la position assise et portant sur les genoux une croix Ankh ,[14] symbole de la vie pour les anciens Egyptiens.[15] Monsieur Jean-Claude GOYON, par exemple, la définit en ces termes:

"La statuette et son image incarnent un concept, un principe, celui de l'ordre universel, dont découlent toutes les vertus et notions d'ordre propres à l'humanité: vérité, justice, équilibre. Maat est encore la manifestation révélée du don renouvelé de la vie..."[16]

Par cette définition l'auteur s'inscrit à la fin du courant de pensée qui a évolué d'une conception éthique à une perception cosmique de la Maat et que nous allons à présent étudier.

Section 2: De la Maat morale à la Maat cosmique: l'évolution des idées en égyptologie et en histoire des religions

C'est à travers les documents écrits, retrouvés la plupart du temps dans des tombes ou dans des temples, et en déchiffrant les inscriptions taillées dans la pierre, que les égyptologues ont appréhendé la notion de la Maat, généralement traduite par des expressions imprécises telles que: "Vérité-Justice" ou "ordre". Une compilation de textes relatifs à la Maat, accompagnée de commentaires a été réalisée par Madame Miriam LICHTHEIM, dans son ouvrage:*Maat in Egyptian autobiographies and related studies*.[17] En tant que concept central du monde égyptien antique, Maat a intéressé tant les égyptologues que les historiens des religions.[18] Ils en ont fait une étude approfondie sans jamais aboutir cependant à une perception précise et cohérente du principe de la justice dans l'Egypte antique. En effet estiment-ils, le flou dans l'approche de la Maat, provient du fait qu'il s'agit d'un concept très difficile à cerner pour des esprits modernes. Une réelle compréhension de ce concept induit la capacité de porter un regard neutre sur le monde égyptien, ainsi qu'une souplesse mentale assez forte pour éviter de projeter dans ce monde qui nous est tellement étranger, nos idées modernes, notre raisonnement logique et notre mentalité. A ses débuts, l'égyptologie n'a pas échappé à l'atmosphère intellectuelle du 19e siècle. De fait, elle a été inévitablement marquée par les théories évolutionnistes ou par le rationalisme scientifique. Ce qu'a vivement critiqué Henri FRANKFORT, qui conseillait, au contraire, d'essayer de penser comme les Egyptiens pour être à même de comprendre leurs messages et en particulier, pour saisir dans toute son essence, la notion de Maat.[19]

Le courant de pensée ayant consisté à plaquer sur la Maat notre conception actuelle de la justice et à la considérer comme un concept purement éthique[20] -comme le laisseraient supposer les textes des confessions négatives retrouvées dans les tombeaux- est aujourd'hui largement dépassé, ou plutôt englobé dans une conception cosmique du concept de Maat. Selon l'égyptologue Jan

ASSMANN[21] et selon Monsieur Philippe DERCHAIN, c'est à Claas Jouco BLEEKER, égyptologue néerlandais que nous devons, aux alentours de l'année 1929, l'ouverture de l'horizon, tant de l'égyptologie que de l'histoire des religions, à une conception plus globale de la Maat: une conception cosmique. Pour aboutir à une telle ouverture, Claas Jouco BLEEKER avait, "tout simplement", changé de point de vue. Son ouvrage qui traite spécifiquement de la Maat[22] est écrit en néerlandais et à notre connaissance il n'a pas été traduit en d'autres langues et nous est accessible uniquement à travers les citations d'égyptologues ultérieurs ou d'historiens des religions. Mais heureusement, BLEEKER, dans un ouvrage en langue anglaise, publié en 1967[23] expose sa théorie de la Maat et surtout la méthode de travail qui lui a permis d'aboutir à une meilleure compréhension du monde égyptien antique. Claas Jouco BLEEKER reprochait à ses prédécesseurs et à ses contemporains[24] d'avoir adopté un point de vue moderne et "européen" pour investir la religion égyptienne en cherchant dans les textes égyptiens une "doctrine religieuse" qui, à son avis ne pouvait pas exister, étant donné que la mentalité égyptienne n'était pas tournée vers les abstractions ou les dogmes. Il critique aussi l'intérêt excessif et quasi exclusif pour la mythologie manifestée par de nombreux chercheurs.[25] Il nous explique que même le mythe d'Osiris n'a jamais été présenté de manière systématique par les Egyptiens eux-mêmes et que nous devons le récit global de ce mythe à un auteur grec: Plutarque.[26] L'esprit de système, allié à un raisonnement logique et déductif n'était pas une des qualités de l'esprit égyptien.[27] L'Egyptien n'était donc, ni rationnel au sens moderne, ni fataliste, mais doté d'un solide optimisme réaliste et naturel qui lui donne la conviction du caractère immuable de la Maat.[28] Claas Jouco BLEEKER propose, pour mieux comprendre la religion égyptienne, ce qui inclut bien sûr à son sens le concept de Maat, de nous intéresser davantage aux rites et aux cultes, au lieu de nous centrer uniquement sur les textes comme nous le faisons dans les religions modernes européennes. Ceci, d'autant plus que les textes égyptiens retrouvés et traduits par les égyptologues, représentent la religion officielle et non l'ensemble des croyances et pratiques du peuple égyptien. Les pratiques[29] rituelles égyptiennes sont, selon l'auteur, beaucoup plus diversifiées que voudrait nous le faire croire la religion officielle. Grâce à cette approche plus large, centrée sur la pratique concrète des rituels -dont l'offrande de la Maat est le plus important- qui sont des actes de la vie réelle, des actes concrets par lesquels les Egyptiens mettaient en oeuvre des croyances religieuses, Claas Jouco BLEEKER a réussi à mettre en lumière l'aspect cosmique de Maat, et le fait que tout, dans la société égyptienne, est intégré: ordre social et ordre cosmique, microcosme et macrocosme.[30] Il définit Maat en ces termes:

"Maat est à la fois un concept et une déesse. En tant que concept Maat représente la vérité, la justice et l'ordre social, trois valeurs éthiques qui à y regarder de plus près reposent sur l'ordre cosmique."[31]

Dans son ouvrage consacré à Maat,[32] il expose sa

conception qui servira de référence à de nombreux historiens des religions et égyptologues. Parmi eux, nous trouvons notamment Madame Irène SHIRUN-GRUMACH,[33] qui se basant sur les travaux de Claas Jouco BLEEKER va souligner l'idée que, dans la symbolique cosmique égyptienne, la plume, emblème de Maat, symbolise la lumière. Monsieur Jan ASSMANN, s'appuyant lui-aussi sur la dimension cosmique de Maat, mise en valeur par BLEEKER, a approfondi l'aspect cosmique de la Maat et en a fait ressortir de nombreuses autres caractéristiques et conséquences. C'est grâce à son intuition -qu'il fallait changer de point de vue et de méthode de travail et élargir le champs des recherches- alliée à un grand sens de l'observation, que Claas Jouco BLEEKER a permis une avancée significative dans le domaine de la compréhension de la notion de Maat en égyptologie. Il aurait pu aller beaucoup plus loin s'il était allé jusqu'au bout de la critique qu'il adressait aux autres chercheurs. A savoir: il leur reprochait d'adopter le point de vue de la religion moderne européenne, surtout fondée sur des textes et un enseignement doctrinal, pour comprendre la religion égyptienne. Il aurait dû aller jusqu'au bout de cette critique concernant le concept de Maat. Mais c'eût été assez inhumain de demander à un historien des religions d'avoir un recul et un détachement suffisants pour s'apercevoir qu'il fallait, pour bien comprendre la notion de Maat, en Egypte, oublier totalement l'angle de l'histoire des religions.[34] D'autres auteurs ont désormais compris que Maat, n'est pas un concept religieux au sens que nous donnons généralement aujourd'hui au mot "religieux", terme qui implique la croyance en quelque chose de non pragmatique et de non vérifiable. Notre concept de Religion semblait étranger à la pensée égyptienne antique si concrète. Monsieur Philippe DERCHAIN souligne, par exemple, combien la notion d'ordre inhérente à Maat signifie pour l'Egyptien non pas une abstraction, mais un ordre concret émanant d'un rapport de forces.[35] Concernant Maat, il ne s'agit pas d'y croire ou non, mais de la mettre en oeuvre et de l'expérimenter à travers les résultats de la conduite conforme ou non à Maat, comme le préconisent les textes de sagesse égyptiens.³⁶ Claas Jouco BLEEKER avait pourtant écrit, que par différence avec nos traditions religieuses modernes fondées sur des textes, les religions anciennes étaient fondées sur la nature.³⁷ De même, il avait déduit de l'observation attentive des rites et des cultes égyptiens que tous étaient destinés au renouvellement de l'énergie,³⁸ un objectif, en définitive, très concret et très utilitaire. Il rejoignait en cela l'égyptologue Alexandre MORET, qui avait, depuis longtemps déjà, cerné l'objectif de la circulation d'énergie cosmique liée à la notion de Maat, à travers le rituel de l'offrande de la Maat, qui consiste à "faire monter la Maat". Maat, essentiellement impliquée dans la circulation de l'énergie cosmique et dans le maintien de l'équilibre du microcosme et du macrocosme, n'apparaît donc pas comme étant un concept religieux.

L'historien des religions, Henri FRANKFORT, a dans une très large mesure pris du recul par rapport à la perception religieuse moderne de la civilisation égyptienne et a permis, à son tour, en dépassant l'approche évolutionniste ou rationaliste, de souligner le caractère *"mythopoeic"*[39] de la mentalité égyptienne et d'entrer, ainsi, un peu plus profondément encore dans l'essence de la pensée de l'Egypte antique. Dans son ouvrage *Ancient Egyptian Religion, an interpretation*[40] il explique que la mentalité égyptienne était fort éloignée de la nôtre[41] et que de nombreuses notions et concepts ou mots égyptiens paraissent obscurs, non parce que les sources égyptiennes sont obscures, mais parce que nous sommes en présence d'un état d'esprit aux antipodes du nôtre. L'Egyptien ancien n'était pas intellectuel et mental, il n'élaborait pas des théories logiques et rationnelles, mais faisait preuve d'une grande intuition alliée à un sens du concret[42] et selon les termes de l'auteur d'une surabondance d'imagination[43]. L'auteur montre comment par exemple, notre approche éminemment matérialiste du monde, nous empêche de bien comprendre la signification de l'offrande d'aliments aux dieux ou aux morts réalisée par les Egyptiens anciens. Les Egyptiens avaient une approche tant matérielle qu'immatérielle des choses et il est très difficile pour notre esprit moderne de comprendre que les Egyptiens offraient aux dieux la partie immatérielle de la nourriture[44]: son énergie (son Ka). Concernant la notion de Maat, l'auteur estime, par conséquent que si ce concept est difficile à traduire dans notre langage moderne, c'est parce qu'il correspond à une conception qui nous est inconnue, étrangère[45] et c'est la raison pour laquelle il nous faut de nombreux termes pour traduire ce concept égyptien qui était unité et reflétait l'intégration entre ordre cosmique et ordre social,[46] intégration qui nous est tout à fait étrangère. Maat représente, pour l'auteur, à la fois l'éthique, la morale, la justice tant humaine que divine ou cosmique. Il écrit:

"Mais nous manquons de mots pour des concepts, tels que Maat, qui a des implications à la fois éthiques et métaphysiques. Nous devons parfois la traduire par "ordre", parfois par "vérité", parfois par "justice". Et le contraire de Maat appelle la même variété de traductions. Par cette façon de procéder nous soulignons involontairement l'impossibilité de traduire les idées égyptiennes dans la langue moderne. Ceci tient au fait que les distinctions que nous ne pouvons éviter de faire n'existaient pas pour les Egyptiens."[47]

Dans sa dimension cosmique, Maat régit l'ordre du monde, mais le mot "ordre", ici encore, ne doit pas s'entendre au sens moderne du mot. Il signifie quelque chose, qui selon Henri FRANKFORT, n'appartient pas à l'univers de la pensée moderne; de même que le terme "droit" n'a pas du tout le même sens que notre équivalent moderne. Etre "droit"[48] n'a pas de connotation éthique ou morale et les Egyptiens, même s'ils décrivent des actions mauvaises, ne considèrent pas les mauvaises conduites comme des péchés dont il faudrait se repentir. Les mauvaises actions leur apparaissent comme des aberrations du comportement humain, qui empêchent l'être humain d'être heureux, car elles introduisent des disharmonies non conformes à l'ordre la Maat.[49] L'orgueil, par exemple, est perçu comme une perte du sens des proportions à l'instar de la conception grecque de l'*hybris*.[50] Il sera alors bien plus utile à l'Egyptien ancien de mieux comprendre les lois de la Maat et de corriger son attitude en conséquence, que de se repentir d'un péché sans rien comprendre au processus de la Maat.[51] En se penchant sur la littérature mortuaire, l'auteur montre comment cette littérature de plus en plus marquée par la peur de la mort et du jugement dernier,[52] créant de nombreux obstacles au passage du défunt vers l'au-delà, ne correspond pas à la sagesse véritable égyptienne qui transparaît davantage à travers des textes plus anciens. L'auteur souligne que la notion de jugement ne pouvait pas, étant donné, la mentalité égyptienne, avoir le même sens moral et éthique que le jugement au sens biblique.[53] Par une comparaison très frappante, il critique les auteurs qui, s'étant appesantis sur la littérature mortuaire, ont cru discerner à travers le thème du jugement des morts une éthique ou une morale égyptienne.[54] Or, dit Henri FRANKFORT, cela équivaudrait à déduire nos connaissances en astronomie de l'étude des horoscopes publiés dans la presse.[55] Au contraire, de nombreux textes de sagesse égyptienne prouvent que les notions de péché, d'éthique, de morale n'étaient pas du tout au centre des préoccupations égyptiennes toutes orientées vers l'harmonie très concrète avec l'ordre cosmique institué par la Maat, tant de l'individu que de la société.[56]

Enfin, c'est à l'égyptologue, Jan ASSMANN que nous devons la plus récente étude approfondie du concept de Maat.[57] L'auteur souligne l'idée que le concept de Maat intègre à la fois le cosmique et le social dans la pensée égyptienne "qui n'a pas fait de distinction entre théologie et science, cosmos et société, religion et Etat".[58] A travers l'analyse détaillée des textes et accessoirement à travers l'image de la scène "de la pesée de l'âme", l'auteur démontre comment la Maat agit au niveau social et au niveau cosmique. Il estime que la compréhension du concept de Maat:

"...pourrait fournir la clef d'une compréhension plus approfondie de la civilisation égyptienne...., parce qu'il semble effacer les limites entre la religion et tout ce qui n'est pas religion."⁵⁹

Il explique à quel point les difficultés de traduction du concept de Maat sont liées au fait que l'univers de pensée des anciens Egyptiens est aux antipodes du nôtre:

"Plus l'écart entre les deux univers est vaste, plus la paraphrase s'allonge; elle peut alors facilement prendre la taille d'un livre entier, dans la mesure où elle doit reproduire en grande partie la conception d'un monde qui nous est étrange."⁶⁰

L'auteur décrit comment l'égyptologie, enrichie par les travaux de l'anthropologie culturelle et de la philosophie de la civilisation, est passée d'une conception purement éthique de la Maat à une conception cosmique dans les années 30, période à partir de laquelle "le 'coeur' du concept de Maat n'est plus l'éthique, mais 'l'ordre universel'".⁶¹ La justice est alors définie comme "action en harmonie avec les forces régulatrices actives dans le maintien de cet ordre universel".[62]

L'aspect social de la Maat selon l'opinion de Monsieur Jan ASSMANN[63]

En se basant sur l'analyse des Textes de sagesse (composés des enseignements et des plaintes) et principalement sur le texte de "l'oasien" daté du Moyen Empire,[64] Monsieur Jan ASSMANN tente de démontrer comment l'idée de solidarité sociale émane du concept de Maat. Il s'agit d'une solidarité active qui implique qu'on agisse pour celui qui agit, et qu'on conserve la mémoire de l'hier. A cette solidarité active, s'ajoutent une solidarité communicative impliquée par le rôle de l'écoute dans la société égyptienne et une solidarité intentionnelle. A travers ce dernier type de solidarité, l'auteur perçoit "Maat comme un altruisme prescriptif", en s'appuyant sur le concept égyptien "d'avidité du coeur".

Il y a sur cette partie, de nombreuses critiques à adresser à l'auteur qui interprète les sources à travers des concepts de solidarité, d'altruisme, et surtout de solidarité communicative qui sont des concepts étrangers à la Maat égyptienne et font plutôt partie de notre "âge axial". Par exemple, l'écoute en Egypte avait une dimension beaucoup plus vaste que la notion d'écoute comme solidarité telle que la conçoit Monsieur Jan ASSMANN. Il est très probable que la notion d'écoute mutuelle comme obéissance à la loi paternelle par exemple, ait été une déformation tardive d'une société patriarcale où les enseignements étaient destinés aux fils. Même si des passages des Enseignements des pères aux fils sont le reflet d'une Egypte déjà déséquilibrée au profit d'un patriarcat assez sévère, de très nombreux passages de ces mêmes enseignements ainsi que d'autres textes ne parlent pas de l'écoute du père par le fils. Il s'agit de tout autre chose: de l'écoute de Dieu et de l'écoute de Maat par le coeur. Par l'écoute, en effet, le coeur en se réglant sur l'harmonie cosmique, s'emplit de Maat et de vitalité.[65] Mentionnons ici, que la science moderne a découvert le rôle fondamental de l'oreille interne en tant qu'organe de l'équilibre. Mentionnons aussi les travaux du

Docteur Alfred TOMATIS,[66] qui écrit dans son ouvrage *Vers l'écoute humaine:*

"L'oreille, en effet, n'a pas été conçue pour entendre. Comment dès lors le serait-elle pour écouter? Elle doit assurer deux fonctions majeures qui répondent, en réalité, à une seule et même activité: l'équilibre et la recharge du système nerveux en énergie. Ce n'est que secondairement qu'elle va se mettre à entendre et, plus tard, à écouter."

Et essayons de prendre conscience de ce que pouvait être la réelle étendue du concept d'écoute en Egypte et de comprendre ainsi pourquoi ce concept était si important dans la civilisation égyptienne. L'écoute ne se limitait pas à l'écoute de l'autre, à une simple solidarité communicationnelle, beaucoup plus large, elle impliquait d'être à l'écoute de l'univers et de ses lois d'harmonie pour s'emplir de vie. Une critique détaillée des idées de Monsieur Jan ASSMANN serait beaucoup trop longue ici et nous entraînerait loin de notre objectif. Retenons donc les aspects utiles de son analyse. Ceux-ci peuvent être maintenus malgré la projection par l'auteur des concepts modernes de solidarité, d'écoute, ou d'altruisme. Un aspect très important est dégagé par Monsieur Jan ASSMANN, il s'agit de la notion d'échange,[67] accompagnée de la notion de circulation à travers l'échange. C'est elle qui apparaît à travers le texte de "l'oasien" et notamment à travers la formule "agis pour celui qui agit".[68] Il faut, à notre avis, souscrire partiellement à l'idée et à la conclusion de Monsieur Jan ASSMANN formulées en ces termes:

"Les notions de 'solidarité' et de 'communication' s'avèrent les éléments communs à toutes les sphères -ou univers de discours - dans lesquelles nous avons étudié la notion de Maat... Il faut donc à mon avis abandonner la notion de l'ordre cosmique, Weltordnung, comme le centre du concept de Maat. Le véritable centre, le point de départ d'où toutes ses acceptions plus spécifiques dérivent, c'est la catégorie sociale de la solidarité communicative."[69]

Abandonner la notion d'ordre cosmique, au profit de la "solidarité communicative", ce serait, revenir très en arrière et perdre le bénéfice de l'avancée permise par Claas Jouco BLEEKER. C'est aussi, à notre avis, considérablement restreindre et obscurcir le concept de Maat en y projetant des préjugés modernes. Toutefois, si nous retenons le principe d'échange et de circulation en vigueur dans la société égyptienne, nous pouvons, sans abandonner le concept d'ordre cosmique considérer que "la solidarité communicative" peut résider au coeur de la Maat en tant que loi d'échange cosmique. Cette loi d'échange a été soulignée en ces termes par Monsieur S. BICKEL[70] dans son ouvrage intitulé: *La cosmogonie égyptienne avant le Nouvel Empire*:

"Comme la Vie et le souffle vital, Maat est un principe qui doit être échangé à plusieurs niveaux: entre le créateur et sa fille Maat d'une part, et entre le créateur, voire les dieux en général, et le monde créé d'autre part...Cette notion d'échange était pour les anciens Egyptiens de première importance pour la compréhension du monde. Le culte divin, les conceptions funéraires, mais aussi les rapports sociaux sont ancrés dans ce principe de réciprocité."

C'est par un échange équilibré, que la circulation cosmique s'opère au mieux et que l'ordre cosmique est maintenu. Contrairement à ce que pense Monsieur Jan ASSMANN, nous estimons qu'il n'y a pas une "solidarité", au sens moderne du terme, dans la société égyptienne ancienne, mais simplement un bon sens, réaliste et concret, qui veut qu'une bonne circulation de la Maat crée l'harmonie dans le groupe humain, la stabilité, la prospérité, le bonheur, l'abondance et aussi la santé.

Conclusion: à travers l'étude de l'évolution de l'approche du concept de Maat en égyptologie, il apparaît très clairement que la Maat a très peu à voir avec nos concepts modernes de vérité, d'écoute, de solidarité, de péché, etc... Elle n'en est peut-être qu'un lointain ancêtre? De ce fait, nous ne pouvons que rejeter l'approche moderne positiviste qui émane des travaux de Madame Bernadette MENU[71] sur le rapport entre Maat, Thoth d'Hermopolis et le droit. Selon l'auteur, Maat serait la norme d'essence divine et Thoth serait chargé d'appliquer et d'interpréter la norme.[72] Faire Maat reviendrait donc à dire le droit, à faire oeuvre de jurisprudence. Bien au contraire de la platitude positiviste c'est une conception tout à fait originale de la justice qui émane de l'ancienne Egypte. Pour rendre ce concept plus clair et plus utile, il est nécessaire d'entrer davantage dans le symbolisme égyptien et surtout d'oublier nos idées modernes.

CHAPITRE 2

LE SYMBOLE COMME MOYEN D'ACCES A UN MONDE PRE-LOGIQUE

A travers l'étude du concept de Maat dans l'Egypte antique, nous avons pu noter, le travers moderne qui a consisté à étudier la Maat principalement à travers l'analyse des textes écrits, et ceci au détriment des images. Il en est une: la scène de la psychostasie qui est particulièrement utile à la compréhension de la Maat. C'est la seule image, répétée à l'infini, qui nous montre le principe de la justice égyptienne en action. Avant de voir le très maigre parti qu'en ont tiré l'égyptologie et l'histoire des religions, il est important de comprendre ce que le symbole, en général, est à la civilisation égyptienne.

Section 1: L'Egypte un monde de communication symbolique

Les sources égyptologiques sur la conception de la justice ne manquent pas, tant cette civilisation était centrée sur la Justice. Ce qui fait défaut c'est notre capacité à les interpréter, en raison notamment de notre trop grand attrait pour les textes, au détriment des images et des symboles. C'est en prenant conscience de l'importance du symbole comme mode de communication dans un monde pré-logique que nous serons à même de mieux comprendre l'idée de justice en Egypte. Nous pourrons alors former à l'aide des images et des textes qui ont été retrouvés, une image enfin précise, et unifiée de la justice dans le monde égyptien antique. Les Egyptiens ont été qualifiés d'êtres "pré-logiques", "simples"[73] "pré-philosophiques", ou "pré-classiques" par opposition à la pensée de l'âge axial[74] qui voit son essor dans la philosophie rationnelle de la Grèce antique. L'égyptologue Jean YOYOTTE[75] dans un article intitulé "La pensée préphilosophique en Egypte" rejoint l'opinion commune en égyptologie et en Histoire des Religions. Il démontre, en effet, qu'il n'existe pas dans l'Egypte antique de système philosophique rationnellement organisé comme ce fut le cas en Grèce.[76] Cet auteur souligne, par ailleurs, l'absence d'une logique juridique comparable à notre logique juridique moderne.[77] Il suffit de jeter un coup d'oeil à leur écriture hiéroglyphique qui fait preuve de tellement d'imagination, et même d'humour, dans la représentation symbolique de la réalité concrète, pour comprendre à quel point notre rationalité logique, plutôt froide et abstraite, leur était assez étrangère. Dans un monde pictural coloré, fantaisiste et vivant, nous pouvons voir des serpents avec des pattes, des yeux avec des ailes ou munis de deux jambes pour indiquer le mouvement.[78] Sans oublier les oiseaux colorés de l'écriture égyptienne, plus de quatre-vingts formes différentes à l'époque pré-ptolémaïque, selon Monsieur Erik HORNUNG, qui écrit:

"les auteurs du Moyen-âge parlaient de l'"écriture des oiseaux' lorsqu'ils évoquaient les hiéroglyphes".[79]

L'Egypte ancienne communiquait préférablement par des symboles[80] qu'elle estimait chargés d'un potentiel vital,[81] à un point tel qu'à partir d'une certaine époque, allant jusqu'au bout de cette logique, il était coutumier, sur les murs des tombeaux, de mutiler les dessins représentant des animaux et des hommes, pour éviter qu'ils ne se retournent contre le défunt.[82] Les dessins, comme le souligne Monsieur Erik IVERSEN[83] étaient d'abord des "choses vivantes, transmettant des messages et ayant des buts magiques, ce n'est que secondairement qu'ils servaient à des fins décoratives". D'une manière plus générale, à propos des représentations artistiques égyptiennes Monsieur Erik IVERSEN souligne leur caractère avant tout de message visuel et non de message verbal.[84] Aujourd'hui nous ne savons plus lire les signes que sur un mode rationnel. Nous avons pour la plupart d'entre nous perdu la faculté de comprendre les symboles et jusqu'à nos propres symboles oniriques. Les spécialistes de l'Egyptologie et de l'histoire des religions ne s'intéressent pas à l'étude du langage onirique. Or c'est à travers le rêve que nous nous rapprochons le plus du mode de communication symbolique des civilisations primitives. Cela signifie que les spécialistes incapables de comprendre leur propres rêves n'ont aucune chance de pouvoir comprendre les images symboliques de l'ancienne Egypte chargées d'un sens qui se perçoit autrement qu'avec l'esprit rationnel. Comme l'observe Madame Beatrice L. GOFF, le symbole à la différence du signe, signifie beaucoup plus que ce qu'il représente et se rapporte à des éléments tels que des idées, des émotions des intuitions et des expériences.[85] Nous pouvons dire, en d'autres termes, que le symbole, pour qui sait encore le percevoir, est un concentré d'informations.[86] Il ne nous paraît donc pas étonnant que les anciens Egyptiens qui étaient très pragmatiques, mais aussi, prélogiques aient privilégié le symbole comme mode de transmission de connaissances secrètes. En effet, une autre qualité du symbole réside en ce qu'il permet une communication à de multiples niveaux. Ceux-ci sont accessibles à chacun selon, d'une part, son degré de perception liée à la sensibilité aux émotions, aux intuitions et, d'autre part, en fonction de sa capacité à ne pas projeter ses *a-priori*. Ce sont principalement ces préjugés qui empêchent l'image de lui parler et de lui communiquer ses messages. Cette faculté de ne pas projeter son époque avec ses préjugés et ses raisonnements de l'âge axial, c'est le silence intérieur[87] qui doit s'emplir de la signification du symbole. C'est ce nécessaire silence mental qui fait cruellement défaut aux hommes de notre époque, surtout ceux cultivés et érudits tels les égyptologues et historiens des religions. Au lieu de regarder réellement l'image dite de la psychostasie, ils se sont laissés complètement absorber par la "magie" des textes funéraires. En l'occurrence, ces derniers ne sont pas, comme nous allons le voir, des sources fiables pour comprendre le symbole de la scène dite du "jugement des morts" et à travers elle la signification du principe de la Maat. En plus de notre fixation moderne sur les textes, nous avons encore un autre défaut qui nous empêche de percevoir de manière adéquate la civilisation égyptienne. En effet, nous faisons preuve de très peu d'ouverture d'esprit lorsque nous imaginons que seul notre monde moderne possède des connaissances scientifiques et que le seul langage scientifique valable est celui que nous utilisons. Pourtant, des égyptologues ont émis l'hypothèse que les Egyptiens utilisaient les symboles comme mode de communication scientifique.[88]

Section 2: Science et langage symbolique en Egypte

Maat, en égyptologie, est traduite par Vérité, justice, ordre, lumière, nourriture des dieux, etc... et comme le dit Monsieur Jan ASSMANN[89] la paraphrase ou l'énumération pourrait s'allonger jusqu'à former un livre entier. Nous aurions beau, pourtant, trouver la définition exacte de Maat, que cela ne nous avancerait pas beaucoup. Ce qui compte ce n'est pas tant de définir Maat dans une exacte abstraction, mais au contraire d'en saisir le mode de fonctionnement concret. Cette compréhension nécessite que nous envisagions l'Egypte antique, et l'image de la psychostasie, avec une approche scientifique, plutôt qu'une approche éthique, religieuse ou simplement descriptive à la manière archéologique. Seule cette approche permet d'unifier toute la multiplicité des facettes de Maat qu'ont perçues les égyptologues et historiens des religions. La simplicité, pourtant scientifique, de l'image de la psychostasie, défie et résiste à toute approche rationnelle classique, pour la bonne raison que les connaissances égyptiennes étaient formulées dans un langage symbolique auquel nous ne prêtons de nos jours aucun caractère de sérieux. Pourtant, certains égyptologues et historiens des religions se sont déjà questionnés sur la nécessité d'une éventuelle approche scientifique de la civilisation égyptienne. Ils ont souligné le caractère scientifique de certains éléments de la civilisation égyptienne. Siegfried MORENZ estime que l'Egypte recèle une écriture scientifique mythique et que dans cette civilisation, science et religion s'interpénètrent, et que sans être rationnels à notre façon, les Egyptiens anciens exposaient dans un langage mythique leurs connaissances scientifiques,[90] qui de ce fait ont toujours appartenu, à son sens, à la sphère du religieux. En d'autres termes, pour l'auteur, la science était matière religieuse. Cet avis n'est pas partagé par Monsieur Philippe DERCHAIN. Cet auteur, auquel on doit une excellente traduction du Papyrus Salt[91] sur le rituel pour la conservation de la vie dans l'Egypte ptolémaïque, a très nettement mis en lumière le caractère scientifique de ce que nous avons tort, à son sens, de considérer comme la "religion" égyptienne. L'auteur estime ainsi qu'il suit, et il rejoint en cela Alexandre PIANKOFF[92] qu'il cite qu'il n'y aurait pas de religion en Egypte, mais une physique:

"On ne peut guère alors parler de religion au sens moderne du mot, mais bien plutôt d'une cosmologie, d'une physique véritable, à laquelle personne n'échappait ni ne pouvait échapper, pas plus qu'on n'échappe de nos jours aux lois de la thermodynamique".[93]

Il en conclut que:
"Si c'est une physique, nous devons nous représenter la religion égyptienne non comme un ensemble de dogmes

que l'on peut accepter ou rejeter par un acte d'adhésion personnelle..., mais comme un corps de lois constituant un système psychologique et philosophique aussi pratique et nécessaire que le sont pour nous aujourd'hui les sciences exactes".[94]

C'est aussi chez cet auteur qu'on trouve l'approche énergétique la plus poussée de la civilisation égyptienne. Allant plus loin que de nombreux autres auteurs, il n'hésite[95] pas à "presque comparer", rejoignant en cela Serge SAUNERON,[96] le temple égyptien à une centrale électrique. Il écrit:

"On pourrait presque comparer le temple égyptien à une centrale où des énergies diverses sont converties en courant électrique ou plus exactement à la salle des appareils de contrôle de cette centrale, d'où, par de très petits efforts- ceux des techniciens qui manoeuvrent les commutateurs - on assure la production et la distribution de l'énergie, selon les besoins, mais uniquement par les voies qui ont été conduites d'avance, et qu'on ne peut modifier par un simple jeu d'interrupteurs."

Monsieur Jean-Claude GOYON avait, lui aussi, dans un autre contexte souligné le rôle de réceptacle des temples:

"Selon ces conceptions, un temple de culte au Nouvel Empire s'avère être autant un espace fonctionnellement réparti et aménagé pour les liturgies qu'un réceptacle sacré pour l'entretien de la présence réelle et de la vie divine."[97]

Mais, Monsieur Philippe DERCHAIN va jusqu'au bout de la logique énergétique du temple en expliquant aussi comment les dieux Egyptiens, apparaissent comme des points d'émergence[98] de forces naturelles, stimulés à l'aide des rituels.[99] Les dieux, par exemple, doivent être régulièrement rechargés dans les temples.[100]

Nous ne pouvons nier l'évidence de l'intérêt manifesté par l'Egypte antique pour l'aspect énergétique du cosmos et du groupe humain, essentiellement sous forme d'énergie solaire (Maat). L'Egypte antique, comme nous le dévoile une observation attentive de la scène de la psychostasie s'intéressait aux lois de circulation de l'énergie solaire, aussi bien dans le cosmos que dans le groupe humain. Pourtant, comme à peu près tout ce que nous possédons d'informations sur l'Egypte, cette connaissance est comme recouverte d'un fatras de superstition et de magie dont il convient de l'extraire judicieusement. Par exemple, si nous partageons l'avis de Monsieur Philippe DERCHAIN, selon lequel on pourrait presque comparer le temple égyptien à une centrale électrique, nous dirions énergétique; nous ne pouvons en revanche classer la totalité des rituels parmi la physique égyptienne. De nombreux éléments étrangers à la physique initiale se sont déposés comme des sédiments au fil du temps et au gré des pouvoirs religieux en place. Comment reconnaître les connaissances scientifiques égyptiennes, par exemple, à travers la description suivante du culte journalier que fait Monsieur Jean-Claude GOYON?[101]

"Le culte, matériellement, en ce qu'il avait de quotidien, était calqué sur le service d'un humain de haut rang, d'un roi. La statue, comme un mortel, se voyait nourrie, vêtue, parée, ointe. Chaque heure de chaque jour prévue par le rituel voyait s'accomplir les services: après la phase du réveil et de la toilette, prenaient rang les trois présentations des repas. A chaque entrée du service, tout était purifié par les libations et les fumigations parfumées, dans le souci constant de la pureté des lieux et des offrandes ou des gestes. Une savante liturgie du verbe accompagnait immuablement les actes matériels."

En effet, ce rituel ainsi décrit par l'auteur a, par de nombreux détails, estompé l'objectif scientifique énergétique à partir duquel il s'est probablement formé puis déformé. Il y a un tel contraste entre la connaissance égyptienne de la circulation de l'énergie solaire, son intérêt pour le côté immatériel de la vie et la rigidité des rituels, qu'il nous apparaît évident que le rituel de la conservation de la vie[102] ne contient plus qu'un mince souvenir, très largement galvaudé, de ce que fut la véritable science physique égyptienne. Si l'on en croit Monsieur Philippe DERCHAIN, le but du rituel du papyrus SALT, dont il fallait suivre les prescriptions à la lettre était le suivant:

"Ces rites avaient pour effet, nous enseigne encore le papyrus, de maintenir l'ordre cosmique et sa continuité. Grâce à eux, le ciel ne tomberait pas sur la terre, le soleil continuerait sa course au ciel, le Nil ne se dessécherait pas. Autant de catastrophes qui n'auraient pas manqué de se produire si l'on avait omis d'observer les prescriptions du texte."[103]

Nous pensons que ce qu'il convient de retenir c'est essentiellement l'aspect énergétique de la justice égyptienne. A travers la permanence de ce concept central tout au long de la civilisation égyptienne, c'est l'intérêt pour le côté immatériel de la vie: l'énergie humaine et cosmique qui transparaît. Un tel concept de justice énergétique ne pouvait être perçu dans son principe de fonctionnement et traduit de manière simple dans un langage moderne issu d'une mentalité entièrement orientée vers l'aspect matériel de l'existence. Quoi de commun en effet entre une justice de l'immatériel et une justice de la matière? Le but de la justice égyptienne est de rétablir la circulation correcte de l'énergie solaire, qui existe en abondance. Par ce moyen sont créés: l'abondance, la prospérité et la santé de tous (le soleil brille pour tout le monde). Quant à la justice du monde matériel, elle attribue, à chacun le sien et veille au bon partage. Elle ne se soucie pas de la création de l'abondance, mais de la gestion de ce qui existe déjà. Ce n'est que relativement récemment que le psychologue bien connu Karl Gustav JUNG parlait de "l'énergétique psychique"[104] alors qu'il ressort de toutes les connaissances jusqu'ici accumulées sur l'Egypte antique, que les Egyptiens étaient centrés sur l'aspect énergétique de l'existence,[105] tant au plan terrestre qu'au plan cosmique. Or cet aspect de la vie échappe en grande partie à notre monde axial.

Il n'est donc pas étonnant qu'en regardant la civilisation égyptienne à partir de la lorgnette de notre monde axé sur l'existence matérielle, on ne puisse accéder aux messages scientifiques contenus dans certains vestiges de la civilisation égyptienne et très particulièrement dans la scène dite de la "psychostasie". Il faudrait pour cela montrer un plus grand intérêt pour l'énergie vitale, pour la Vie, une grande oubliée de notre philosophie moderne de la justice et du droit. C'est pourtant par une approche énergétique du concept de Maat qu'il est possible de comprendre beaucoup mieux la mentalité égyptienne. Maat, étant un concept-clef de la civilisation égyptienne, l'élucider, permet de comprendre beaucoup plus facilement de nombreux aspects de cette civilisation restés assez flous ou incompris.

CHAPITRE 3

UNE APPROCHE PLUS REALISTE DE LA SCENE METTANT EN OEUVRE LA JUSTICE EGYPTIENNE

Avant de voir comment la scène de la psychostasie a été appréhendée par les égyptologues et historiens des religions, il convient de présenter *le Livre des Morts des Anciens Egyptiens*, car c'est principalement à travers cette littérature mortuaire que cette représentation de la justice en action est parvenue jusqu'à nous. Du fait de ce contexte, la scène de la psychostasie a surtout été prise en considération dans le cadre de l'après-vie, mais n'a pas retenu toute l'attention qu'elle méritait pour la compréhension du concept de Maat.

Section 1: Qu'est-ce que le *Livre des morts des anciens Egyptiens*?

Le Livre des Morts des Anciens Egyptiens n'est pas, comme son intitulé pourrait le faire croire, un livre unique. C'est le nom qui a été attribué, par les spécialistes, à une littérature funéraire composée de textes épars. Tous ces textes ont été rassemblés dans une version quasi exhaustive, datant de la Basse Epoque, et qui a été divisée en Chapitres. Le titre égyptien du même ouvrage est selon Madame Claire LALOUETTE: "Formules pour monter dans le jour".[106] Selon l'égyptologue Guy RACHET, c'est le nom de "rituel funéraire" qui avait initialement été choisi par CHAMPOLLION pour l'édition d'un de ces textes funéraires. L'auteur nous informe, en ces termes, sur l'origine du Livre des Morts des anciens Egyptiens et sur sa division en chapitres:

".. l'égyptologue allemand Karl Richard LEPSIUS (1810-1884) en fit une édition d'après un papyrus de Turin, daté de l'époque des Ptolémées, comportant 165 formules, auquel il donna le nom de Todtenbuch (Livre des Morts), qui lui est resté. Dans son édition, chaque formule correspondait à un chapitre: depuis, titre et division en chapitre ont été repris par tous les éditeurs et traducteurs de ces textes...".[107]

L'auteur souligne, en outre, le caractère arbitraire de la division en Chapitres du Livre des Morts des Anciens Egyptiens.

Quant à Monsieur Jean YOYOTTE, il considère que "Les Livres des Morts sont des recueils d'incantations indépendantes...".[108] Selon ce même auteur, c'est simultanément au chapitre 30 sur le coeur, et au Chapitre 125 sur la déclaration d'innocence qu'était, au début, associée l'image, qui nous intéresse, représentant la scène de la "psychostasie". Alors qu'on ne la retrouve plus qu'au Chapitre 125 dans les versions les plus tardives du Livre des Morts, où la scène de la pesée du coeur et celle du jugement auraient fusionné.[109] D'un livre à l'autre, La scène de la "psychostasie", présente de nombreuses variantes, et Monsieur Jean YOYOTTE souligne le caractère composite de cette scène[110] dans les versions les plus récentes de ce livre. Malgré les nombreuses traductions des *Livres des Morts des Anciens Egyptiens*, qui ont été effectuées par des autorités en la matière, ces textes demeurent parfois très obscurs. Ils sont très largement teintés d'une magie qui doit permettre au défunt un passage réussi vers l'autre monde. Ceci malgré les différents obstacles qui se dressent sur son chemin. Au fil de la longue histoire de l'Egypte, ces obstacles comme le note Henri FRANKFORT, sous l'effet de la peur,[111] tendent à devenir de plus en plus nombreux et terrifiants. Les formules magiques contenues au Chapitre 125 servent à faire déclarer l'innocence du défunt, apparemment quelle qu'ait été sa conduite morale. Le Chapitre 30 est intitulé: "Formules pour faire que le coeur d'un homme ne s'oppose pas à lui dans le monde souterrain". La magie, qui efface les manquements à la morale des époques auxquelles furent rédigés les livres, est tellement présente dans ces textes que les Egyptiens anciens pourraient facilement être taxés de pharisaïsme comme le signale Etienne DRIOTON, qui, tout en faisant référence aux textes de sagesse, estime cependant que *le Livre des Morts des Anciens Egyptiens* ne traduisait pas la mentalité de l'ensemble de la population égyptienne.[112] Les nombreuses formules magiques du *Livre des Morts des Anciens Egyptiens*, associées au caractère composite de cet ouvrage, à la non-concordance quelquefois notée entre le texte et des détails des vignettes,[113] au fait que la scène de la "psychostasie" a été simultanément associée au chapitre 30 sur le coeur et au Chapitre 125 sur la déclaration d'innocence,[114] font du Livre des Morts des Anciens Egyptiens une référence textuelle peu fiable, comme l'admettent généralement les égyptologues et historiens des Religions.

Pourtant, en dépit du peu de crédit généralement accordé à cette littérature magico-funéraire et en particulier au chapitre 125 du Livre des Morts, les égyptologues et historiens des

Religions ne sont jamais parvenus à regarder ou à décrire la scène de la "psychostasie" en s'abstenant de se référer au Chapitre 125 et aux idées de tribunal, de punition, de péché, etc... qu'il véhicule. Même Monsieur Jean YOYOTTE, auquel nous devons l'étude la plus approfondie sur le "Jugement des morts" n'échappe pas à cette constatation, alors qu'il a émis une très intéressante hypothèse dont nous parlerons ci-après. La recherche de l'auteur étant plus historique que philosophique, et principalement axée sur la détermination de la période d'apparition en Egypte de l'idée du Jugement de Dieu, il n'a pas pu pour ces raisons, tirer toutes les conséquences de son hypothèse. En se basant sur les plus anciennes représentations de la "psychostasie" et sur le Chapitre 30B, il suppose, en effet, que la scène de la pesée du coeur" était à l'origine distincte de la scène du tribunal, les deux scènes auraient été fondues en une seule, au cours de l'histoire.[115] En raison de son caractère composite, et de ses objectifs magiques, le *Livre des Morts des Anciens Egyptiens* n'apparaît pas être le meilleur moyen de comprendre la scène de la psychostasie.

Etant donné l'importance dans la mentalité égyptienne de la communication par les images et les symboles, il vaudrait mieux enfin regarder la scène dite de la "psychostasie" avec toute l'attention qu'elle mérite et avec un "regard aussi pré-logique" que possible. Pour les Egyptiens anciens le dessin et l'écriture étaient sacrés.[116] Les secrets qu'ils contenaient n'étaient pas divulgués aux profanes.[117] Les dessinateurs, loin de pouvoir se laisser aller à une liberté artistique, étaient contraints d'obéir à des règles strictes sous la supervision des prêtres.[118] Tenant compte de ces traits particuliers de la mentalité égyptienne, il importe d'accorder à l'image de la psychostasie toute l'attention qu'elle aurait dû mériter. C'est à travers la seule image, répétée à l'infini, de la Maat en action, qu'aura eu le plus de chance de parvenir intacte jusqu'à nous l'information la plus intéressante, la plus probable sur la Maat, la plus permanente. Celle aussi qui aura été la moins déformée, tant par les intérêts de la classe sacerdotale[119] et des magiciens, que par l'évolution des idées.

Comme nous l'avons déjà signalé, la représentation symbolique de la justice en action n'a pas été suffisamment exploitée par les chercheurs qui se sont principalement attachés à l'analyse de textes. Ces derniers les ont trop influencés et les ont empêchés de voir l'image de la psychostasie telle qu'elle est réellement. Comme exemples de démarche aux antipodes d'une attitude pré-logique, nous pouvons citer par exemple: Monsieur Jan ASSMANN, qui a réalisé des travaux très intéressants sur le concept de Maat et qui écrit au sujet de la méthode de travail qu'il a adoptée:

"Jusqu'ici on a toujours supposé qu'une étude approfondie de la Maat ne peut être fondée que sur une compilation exhaustive des références. Et comme il y a des milliers de références, personne ne s'est jamais chargé de cette étude. On a supposé de plus qu'il fallait partir de l'étymologie du mot et du sens de l'hiéroglyphe de Maat pour trouver le centre de sa signification. Mais tout cela n'a abouti à rien, parce que les Egyptiens semblent en avoir oublié l'étymologie..... Je ne m'occuperai donc ni de l'étymologie ni de la graphie de Maat qui, à mon avis, appartiennent plutôt à la périphérie, mais des discours dans lesquels Maat est thématisée d'une façon centrale."[120] (Pourtant, et cela, très accessoirement, il décrira quand même la scène dite de la psychostasie).

Quant à Monsieur Jean YOYOTTE, c'est avec un esprit résolument scientifique qu'il s'attaque au concept de Maat. Il écrit:

"La question de Maat méritera d'être éclaircie, dans toutes ses incidences, par une étude statistique des sources, en tenant compte des époques et des contextes".[121]

L'analyse des discours et l'utilisation des statistiques relèvent d'une attitude très moderne et très universitaire d'accès à des informations. Elle ignore superbement toutes les autres facultés dont dispose le cerveau humain pour accéder à des informations. Bien que cette méthode d'investigation ait pu produire des résultats très appréciables en égyptologie; il est tout à fait dommage, qu'aussi bien les égyptologues que les historiens des religions n'aient pas assez observé les images et notamment la scène dite de la "psychostasie". Pourtant, c'est à travers les images, qu'elles soient gravées dans la pierre ou peintes sur les papyri, que l'Egypte nous a transmis ses messages les plus permanents. C'est aussi grâce à l'image que notre cerveau, trop imbibé de rationalité lorsqu'il étudie les textes, aurait le plus de chances de rompre avec ses habitudes intellectuelles de l'âge axial, trop profondément ancrées. L'image en court-circuitant la quasi -obligatoire rationalité du monde moderne, est un moyen qui devrait permettre de retrouver une certaine spontanéité, plus proche de l'esprit "pré-logique" de l'Egyptien ancien. Mais, comme nous le verrons ci-dessous à travers les descriptions de la "psychostasie" réalisées par les égyptologues et historiens des Religions, il est extrêmement difficile pour nos cerveaux modernes d'échapper à l'emprise de l'écrit pour pouvoir percevoir tout le message véhiculé par une image chargée de symboles. Même Monsieur Erik HORNUNG, bien qu'il plaide pour une plus grande prise en considération de l'image en égyptologie, n'échappe pas à ce travers d'une modernité trop intellectuelle et pas assez sensible. Dans le premier chapitre de son ouvrage: *L'Esprit du temps des Pharaons*, Monsieur Erik HORNUNG considère que l'image (hiéroglyphique ou non) au même titre que le mot est une clef de compréhension du monde égyptien.[122] Il montre comment les couleurs utilisées dans les images et dans les hiéroglyphes ont chacune leur signification particulière. Il écrit[123] : "... les hiéroglyphes ne sont pas de pures graphies, ils reflètent aussi la réalité et participent à ses couleurs." et plus loin[124] : "La couleur exprime quelque aspect de l'essence des choses, elle peut même être employée dans la langue égyptienne comme synonyme d''essence' ou de 'caractère'." L'auteur déplore à propos des discussions concernant Ramsès II, le "peu de considération dans lequel on tient ce qu'exprime l'iconographie lorsque l'on étudie l'Egypte ancienne".[125] Il conclut que: "Pour dévoiler l'univers spirituel de l'Egypte, il ne suffit pas de lire et de comprendre les textes.

il faut encore décrypter les images".[126]

Sa remarquable prise de conscience de l'importance de l'iconographie égyptienne ne transparaît malheureusement pas dans son étude sur la Maat.[127] Comme de nombreux autres auteurs, il n'a pas assez regardé la scène dite du "jugement des morts". Il s'est, au contraire, contenté, comme les autres, d'une description très sommaire et fortement inspirée des textes du *Livre des Morts des Anciens Egyptiens*.

Section 2: La scène de la psychostasie décrite par des égyptologues et des historiens des religions

(Croquis réalisé par l'auteur d'après le papyrus de Hunefer. L'image en couleur est accessible sur les sites suivants:

www.siloam.net/rostau/ newgiza/entrance.html;
www.guardians.net/hawass/ tomb_of_iuf-aa.htm;
http://web.ukonline.co.uk/gavin.egypt

Voici comment la scène qui nous intéresse a été décrite par les égyptologues et historiens des religions sous la dénomination "le jugement des morts".

§ 1: La description d'Alexandre MORET

C'est essentiellement sous la forme d'un Tribunal qu'Alexandre MORET évoque la scène dite "du jugement des morts" lorsqu'il écrit dans son ouvrage *le Nil et la civilisation égyptienne:*

"Depuis la XVIIIe dynastie, nous retrouvons en des papyrus, déposés sur chaque cadavre, les chapitres de ce que nous appelons le "livre des morts": ils préparent le défunt à passer devant le tribunal de Râ (qui deviendra plus tard le tribunal d'Osiris), où la Balance du dieu pèsera sa conscience et ses actions. Ainsi, chacun possède les rituels nécessaires pour entrer dans la vie divine."[128]

Dans son article consacré à "La doctrine de Maat",[129] l'auteur se base sur les textes et n'y décrit pas du tout la scène de la psychostasie. C'est dans un article, plus spécifique sur le jugement des morts,[130] que l'auteur donne la description suivante de ce jugement:

"Dans le domaine des morts, il y avait une salle de la Double Justice où le défunt passait en jugement devant un tribunal composé de 42 divinités et d'un juge suprême, Osiris. L'intérêt de tous se concentrait autour d'une balance divine dont le dieu Thot surveillait la pesée. Dans un des plateaux, était le coeur du défunt, c'est-à-dire sa conscience, lourde ou légère de fautes; dans l'autre plateau, on plaçait la Vérité, sous forme d'une statuette de la déesse Mâit, ou d'une plume (dessin de la plume), hiéroglyphe de la déesse. Il fallait que le poids du coeur fît équilibre au poids de la Vérité: alors la justification que le défunt faisait de sa conduite était tenue pour véridique. Thot et Osiris vérifiaient si l'aiguille de la balance (ou plutôt le fil à plomb qui en tenait lieu) marquait l'équilibre nécessaire, et, ce résultat constaté, prononçaient l'admission du défunt au paradis. Dans le cas contraire, c'était aux supplices infernaux qu'était voué le défunt. Tel est le jugement des morts type."

§ 2: La description de Siegfried. MORENZ

Dans son ouvrage *Egyptian Religion*, Siegfried MORENZ[131] s'interroge sur le concept de Maat. Dans le cadre de cette recherche, il parle de la scène du "jugement des morts" et souligne le fait que Maat est la "mesure par laquelle on juge l'homme".[132] Il explique qu'en raison, d'une part du caractère magique des textes du chapitre 125 du Livre des Morts des Anciens Egyptiens,[133] et d'autre part, en raison du fait que ces textes ne font aucune allusion à une véritable audition du défunt,[134] il s'est fondé sur la vignette dite du "jugement des morts" pour cerner le concept de Maat. Il décrit cette vignette comme une scène de tribunal chargé de juger le défunt d'un point de vue éthique.

Voici sa description de la vignette qui accompagne le chapitre 125 du Livre des Morts des Anciens Egyptiens:

"Ici les vignettes qui accompagnent le texte (et dont les détails varient) montrent que le coeur du défunt, censé être le siège de l'intelligence et de la volonté ainsi que le centre vital du corps physique, est pesé sur la balance en face du symbole de Maat (habituellement représentée par une plume). Maat sert de standard éthique. Anubis... est le maître de la balance, et contrôle le plomb, le scribe Thoth note le verdict et l'annonce. Si le jugement est défavorable, le pécheur dévient la proie de la 'dévoreuse'... un monstre hybride...".[135]

Nous voyons très nettement que l'auteur n'a pas porté un regard neutre et attentif sur cette scène. Il a simplement projeté sur elle des notions d'éthique, de péché et de tribunal, qui comme nous le verrons ultérieurement ne s'y trouvent pas. S'il a le mérite de dire qu'il convient de se fonder davantage sur les images, en l'occurrence plus fiables, que les textes essentiellement magiques, il ne regarde pas vraiment ces images et se laisse beaucoup trop influencer par ces textes. Seraient-ils vraiment magiques?

§ 3: La description d'Etienne DRIOTON

Dans un article intitulé: "Le jugement des âmes dans l'Egypte ancienne",[136] l'auteur décrit ainsi qu'il suit la scène de la "psychostasie":

"Dans les vignettes les plus détaillées, Osiris siège au fond d'une salle sous un baldaquin royal à colonnes, assisté d'Isis et de Nepththys et entouré de quarante-deux assesseurs.[137] A l'autre extrémité du hall, le défunt est introduit par Anubis à tête de chacal, le psychopompe ou conducteur des âmes. Une balance est dressée au centre de la salle. Le coeur du défunt est représenté posé sur l'un des plateaux, et sur l'autre une image ou un symbole de la déesse-Justice Mäet. Anubis surveille le peson, et Thot à tête d'ibis inscrit le résultat sur sa palette. Un monstre à l'allure d'hippopotame, la Dévorante, accroupi auprès de la balance, attend que le damné lui soit livré en pâture. Le Justifié, lui, passe outre et s'avance vers Osiris sous la conduite d'Horus."

et il enchaîne en affirmant que:

"Le texte qui accompagne cette scène en fait pénétrer plus profondément le sens."

§ 4: La description de Monsieur Jean YOYOTTE

C'est à Monsieur Jean YOYOTTE que nous devons l'article le plus détaillé sur le thème du jugement des morts[138] dans lequel il tente, notamment, d'élucider la question de savoir quand et comment est apparue l'idée d'un jugement des défunts par Dieu. Il donne la description suivante, intitulée "Le drame de la pesée du coeur":

"Le défunt s'avance, légèrement courbé, comme ceux qui, ici-bas, comparaissent en l'office du grand juge.... Le coeur du mort est posé sur un plateau de la balance; sur l'autre se dresse la légère Maat, que l'imagerie symbolise par une plume, par une mignonne idole ou par un oeil. Le préposé à la balance, Anubis, 'lève le bras', pour arrêter au plus vite le balancement du peson et l'oscillation du fléau. L'équilibre est atteint: le dieu-chien fait signe à Thot. Tantôt singe, tantôt homme à tête d'ibis, le dieu scribe prend sa palette afin de noter le verdict de l'instrument. La "grande Mangeuse" se dresse sur sa natte: campée sur ses maigres pattes de lion, traînant son postérieur pataud de pachyderme, elle tourne avidement son museau de saurien vers le greffier...."

Après avoir décrit cette scène, en apportant de nombreuses précisions sur les divinités présentes, l'auteur enchaîne sur la récitation du chapitre 30 du Livre des Morts des anciens Egyptiens faite par le défunt.

§ 5: La description de Monsieur Jan ASSMANN

L'ouvrage[139] de Monsieur Jan ASSMANN est le titre le plus récent consacré à une étude exhaustive et approfondie du concept de Maat et de son rôle dans la société égyptienne. C'est dans le chapitre consacré à la survie et à l'immortalité que Monsieur Jan ASSMANN décrit la scène du jugement des morts en s'aidant des textes du Livre des Morts des Anciens Egyptiens. Il met en valeur l'idée d'une "transition d'un monde à l'autre"[140] à travers le "jugement des morts" et estime que "la conceptualisation de ce passage [du Ba[141]] prend la forme judiciaire d'un tribunal divin".[142] Il explique comment le "ba" représenté sous forme d'un oiseau "est étroitement lié à la notion de transition entre deux mondes. C'est pourquoi il est symbolisé par un oiseau: l'oiseau qui s'envole effectue la transition entre la terre et le ciel". et il conclut que "Le Ba est un terme 'liminal'; il symbolise la transition entre le visible et l'invisible".[143] L'auteur estime que:

"La catégorie abstraite de liminalité se traduit par les formes concrètes des images, des symboles et des rites de passage. Et c'est exactement ce dont il s'agit avec le jugement des morts".[144]

Il se base principalement sur "la forme définitive" des chapitres 30 et 125 du Livre des Morts des Anciens Egyptiens sous le Nouvel Empire (c'est-à-dire les textes les plus récents, empreints de magie et où à notre avis le concept de Maat s'est fortement dégradé). L'auteur explique d'ailleurs que le concept de Maat "s'est élargi vers une morale professionnelle sacerdotale. La notion de tabou divin joue un rôle majeur..." et ne décrit que très brièvement la vignette qui les accompagne généralement désignée: comme scène du jugement des Morts.

Il estime que le "jugement des morts" est un "rite d'initiation d'après le modèle de l'initiation sacerdotale..."[145] et "..qu'il s'agit aussi bien de juger que de purifier le défunt, de le 'séparer de ses péchés' comme l'exprime le titre du chapitre 125".[146] C'est en ces termes qu'il évoque brièvement la description de la scène:

"C'est le coeur qui est pesé sur la balance contre le symbole de la Maat, la plume sur le deuxième plateau. La plume étant la matière la plus légère, tout dépend donc de la légèreté du coeur. L'équilibre parfait est le meilleur résultat; les péchés alourdissent le coeur. Tandis que le coeur est pesé sur la balance, le Ba de l'homme se dresse en témoin. Anubis manie la balance, Thoth note le résultat. A côté se dresse la 'grande mangeuse', un monstre qui, en cas de déséquilibre, est chargé de l'élimination du coupable".[147]

§ 6: La description de Monsieur Erik HORNUNG

Monsieur Eric HORNUNG aborde la scène dite du "jugement des morts" dans son chapitre sur la magie et estime que cette scène a un objectif magique. Il parle d'un "tribunal de droit divin"[148] et écrit à propos de la "scène du jugement des morts":

"On espère aussi un effet magique de la représentation d'autres scènes, en particulier de celle du jugement des morts. Elle trouve sa forme définitive, vers le milieu de la XVIIIe dynastie, avec la comparution du défunt devant Osiris trônant en qualité de juge et la pesée du coeur du défunt sur une balance dont l'autre plateau est chargé d'une plume, signe qui évoque Mâat dont le concept est celui de la justice... Après l'époque armanienne, on y ajoutera encore l'image de la 'Dévorante' incarnant la gueule de l'enfer."[149]

L'auteur ne regarde pas vraiment l'image et se base beaucoup plus sur les textes que sur l'image sur laquelle il projette, comme tant d'autres, des idées préconçues ou le contenu du Chapitre 125 du Livre des Morts des Anciens Egyptiens. C'est une attitude dont nous ferons à présent la critique avant d'adopter une démarche plus adéquate.

Section 3: Un vrai regard sur l'image

§ 1: <u>Critique des descriptions précédentes</u>

Les titres donnés à la représentation, à savoir "le jugement des morts" ou "la psychostasie" ou encore "la pesée du coeur" rétrécissent déjà le champs de la réflexion. En effet, les titres donnés à la scène, programment le cerveau à se focaliser sur l'idée de jugement et sur l'idée de mort ou sur l'idée éthique de mesure des âmes. Pourtant, si nous regardons bien l'image, nous voyons qu'il n'y a pas de jugement au sens moderne du terme. Quant au mort, il y est représenté bien vivant. Il s'agit d'une scène de vie, de la représentation d'un processus vital, comme nous le verrons ultérieurement plus en détail, et non d'un jugement des morts.

Ensuite une importante erreur consiste à projeter sur la notion de coeur notre conception de la conscience, de la pureté et de l'éthique, qui assurément n'apparaît pas du tout dans les dessins.[150] Une telle conception éthique est déjà trop abstraite par rapport à la mentalité très concrète des Egyptiens anciens. Ce n'est qu'un transfert de la part des observateurs. Il y a autour de la notion de coeur, comme nous le verrons plus loin, quelque chose de bien plus fondamental et beaucoup plus concret à observer. Par ailleurs, en ce qui concerne l'idée que la balance servirait à "la pesée du coeur ", il faut noter que cette interprétation est très moderne et procède d'une vision très matérialiste du symbole de la balance. Comment peut-on comprendre à partir de cet angle matérialiste l'expression égyptienne[151]: "Tu dois être comme une balance"? Dans la mesure où la balance a été à travers les âges et les cultures un instrument de commerce servant à peser, nous avons transféré sur cette scène l'idée d'une pesée et avons complètement oublié l'idée d'échange qu'elle implique depuis toujours. Avant d'être devenue un instrument propre à faciliter les échanges commerciaux, la balance a d'abord été le symbole cosmique par excellence: celui de la circulation des énergies cosmiques. Un texte égyptien[152] ne demande-t-il pas à l'homme de ne pas mentir, d'être une balance? Ce n'est pas à la lumière de la fonction matérielle de pesée que nous pouvons comprendre cette littérature égyptienne. Elle prend tout son sens, si nous abandonnons notre vision moderne et matérialiste du symbole de la balance. De toutes manières, si nous regardons bien l'image, nous sommes bien contraints d'admettre qu'il ne s'agit pas d'une pesée, l'essentiel du message est loin de la pesée et beaucoup plus proche de l'échange. Regardons donc la scène que nous préférons appeler la "justice en action". Laissons-la parler. N'y projetons pas tous nos préjugés et surtout ne nous laissons pas influencer par la littérature magique avec laquelle elle est parvenue jusqu'à nous. Henri FRANKFORT met en garde contre cette littérature[153] en expliquant comment toute la littérature funéraire est marquée par la peur de la mort.[154]

L'auteur critique, par ailleurs les égyptologues qui ont cru pouvoir déduire du jugement des morts les préoccupations éthiques des anciens Egyptiens. Selon Henri

FRANKFORT, cette littérature funéraire ne devrait pas être prise en si haute considération et ne devrait pas être mise sur le même plan que la préoccupation égyptienne pour la justice.[155] Il fait la comparaison suivante, pleine de bon sens:

"Il n'est pas étonnant que ceux qui abordent la religion égyptienne à partir de ces adaptations, et s'appuient sur les textes écrits à l'attention de la partie la moins évoluée de la population, concluent que les croyances égyptiennes concernant l'après-vie étaient dénuées de sens. Mais en faisant ainsi, ils agissent comme quelqu'un qui jugerait notre présente connaissance astronomique à travers l'étude des horoscopes publiés dans les journaux."[156]

En tenant compte des remarques très pertinentes d'Henri FRANKFORT, nous décrirons ci-après, l'une des représentations les plus célèbres de la scène de la psychostasie. Sans exclure toutefois la littérature funéraire, nous en tiendrons compte dans un second temps, à titre d'indice, notamment pour ce qui concerne tous les passages relatifs à la notion du coeur et à son fonctionnement chez les anciens Egyptiens.

§ 2: une réelle description de la scène

La scène que nous décrivons, ci-dessous, est celle qui figure dans une vignette du livre des morts d'HUNEFER qui a vécu aux environ de 1310 avant J.-C.. Cette scène est souvent reproduite entièrement ou partiellement dans les nombreux livres consacrés à l'Egypte et il est très facile pour tout lecteur d'y accéder (voir aussi les sites Internet où elle est présentée, cités page 60 de ce livre).

Cette image nous montre un homme en robe blanche (c'est ainsi, disent les égyptologues, que les Egyptiens représentent le défunt après sa mort[157]) tenu par la main par un être à tête animale (il s'agit du Dieu Anubis[158]) portant une croix Ankh.[159] Ces deux personnages s'avancent vers une balance, dont la position centrale dans la représentation attire fortement le regard, et sur la description de laquelle nous reviendrons en détail. Sous la balance, nous voyons ensuite, le même Dieu Anubis, accroupi en train de régler la balance et un animal au corps disharmonieux et composite (appelé la "grande dévoreuse" ou la "grande mangeuse"[160]). Ce dernier tient son corps face au défunt qui arrive tandis que sa tête, seulement, tournée vers l'arrière regarde le défunt qui vient de passer. La double représentation du Dieu Anubis -d'abord debout conduisant le défunt par la main, puis accroupi, réglant le dispositif de la balance - et le mouvement vers l'arrière de la tête de la "grande dévoreuse" -qui regarde le défunt qui vient de passer- évoquent, de manière évidente, le mouvement, le passage, la circulation du défunt. La scène suggère un lien évident entre le principe d'équilibre et l'ouverture d'un passage pour le défunt vers la vie, et à contrario entre le déséquilibre et la fermeture du passage vers la vie, ce qui signifie une seconde mort. Un être à tête d'Ibis, le dieu Thot[161] note le résultat du "test de la balance", ce qui montre très clairement qu'il ne s'agit pas d'un jugement et que nous ne sommes pas dans un tribunal. La balance dit toujours la vérité sans qu'aucune autre intervention soit nécessaire. C'est une loi cosmique automatique et universelle qui est mise en oeuvre et ainsi représentée par cette image. Il est frappant, qu'au centre de la scène, ce soit la balance qui détermine toute la suite des événements. C'est par son action précise et mécanique, qui ne permet pas de tricherie,[162] que le passage vers une autre forme de vie sera ouvert à l'âme du défunt, ou qu'il sera fermé, ne lui laissant comme issue que la seconde mort. En ce sens, la balance est l'instrument de la vérité, et nous pouvons remarquer qu'elle est coiffée de la tête de Maat (ou dans d'autres représentations, seulement de sa plume). C'est un fonctionnement automatique des lois de la nature. Un autre être à tête d'oiseau[163] portant dans la main une croix Ankh symbole de vie ouvre par un signe de la main le chemin au défunt vers le dieu Osiris qui se tient sur son trône prêt à le recevoir.

Au centre de l'image: une balance, dont les deux plateaux sont en équilibre représente, sans conteste, la Maat en action. D'une part, en effet, dans le papyrus d'HUNEFER, c'est la déesse Maat qui, non seulement, coiffe la balance (la tête de la déesse apparaît au sommet de la balance), mais elle est aussi représentée, sur l'un des plateaux de la balance, sous forme de plume blanche. C'est ce thème central qui varie seulement par des détails minimes[164] qui est, à notre sens, le message le plus important et le plus utile à la compréhension du concept de Maat. Regardons donc de plus près, ce qui se trouve sur chaque plateau de la balance et réfléchissons à ce qui se passe réellement. Pour cela, essayons d'être aussi concrets et aussi proches de la nature que les anciens Egyptiens. Sur l'un des plateaux, nous voyons un vase représentant le coeur[165] du défunt; sur l'autre plateau est posée une plume blanche, qui représente Maat. Si nous regardons la scène de façon réaliste, il faut bien admettre:

-1° sur un plan purement concret: qu'une plume d'un côté et un coeur dans une urne de l'autre ne peuvent pas donner, en terme de pesée, pour résultat l'équilibre qui nous est montré.[166]

- 2° sur un plan abstrait: qu'un être humain ne peut pas faire le poids en face d'une déesse. Il ne peut donc pas s'agir d'une pesée, mais d'autre chose. La petitesse des objets posés sur les plateaux eu égard à la grande taille de la balance suggère que c'est le principe d'équilibre-notons bien qu'il s'agit d'un équilibre obtenu par le dispositif de la balance - qui est le message principal de la scène. Mais équilibre de quoi? Et équilibre pourquoi? Regardons à nouveau les plateaux: le coeur,[167] n'est-il pas tout d'abord, et ceci, très concrètement l'organe de la circulation. On sait combien les Egyptiens prisaient le concret[168] et sa représentation.[169] La plume, à son tour, évoque l'oiseau, qui peut voler du ciel vers la terre et de la terre vers le ciel, et symbolise ainsi la lumière ou l'énergie solaire.[170] Par sa légèreté, la plume symbolise une énergie immatérielle, par sa couleur blanche elle évoque la lumière solaire.[171] La plume, élément lié à l'oiseau qu'elle évoque, animal libre qui traverse les airs et voyage de la terre au ciel et du ciel à la terre, représente symboliquement l'énergie cosmique, qui tout comme l'oiseau circule librement sur terre et dans les airs. Cette énergie mise en balance avec le coeur implique que le coeur est lié à cette énergie. En effet, le coeur est l'organe relais qui capte la Maat et doit la faire circuler pour que l'équilibre, à la fois de l'homme (microcosme), et de l'univers (macrocosme) soit maintenu, et qu'à travers cet équilibre puisse se propager la vie. Par ailleurs, il faut noter que la présentation du coeur dans une urne suggère le caractère de récipient de cet organe, un récipient dans lequel on peut verser et à partir duquel on peut déverser. L'image, à condition de savoir vraiment la regarder, sans projeter des préjugés modernes, met en scène un principe cosmique figuré de manière à la fois très simple et très synthétique.

Trop ancrés dans une approche matérialiste du monde, nous avons tendance à oublier que la balance[172] est d'abord le symbole de l'échange. En Egypte, il s'agit précisément du symbole cosmique de l'échange de la Mâat, c'est-à-dire de l'énergie solaire. L'Egypte ancienne semblait avoir une connaissance très précise du mode de circulation de l'énergie cosmique dont elle tirait de multiples applications, notamment au niveau de la justice. Les Egyptiens anciens prêtaient beaucoup d'attention au monde vivant et au fait que toute chose vivante dans l'univers et selon leurs termes jusqu'au moindre vermisseau participe à la circulation de l'énergie cosmique. On peut déduire d'une lecture appropriée de cette image que le coeur humain joue un rôle dans cette circulation énergétique, tant au plan terrestre qu'au plan cosmique. Cette déduction est, comme nous le verrons plus loin, nettement corroborée à la fois par le plus ancien texte de philosophie égyptienne qui ait été retrouvé (le Texte de Théologie Memphite), par de nombreux autres textes de sagesse, et aussi par des passages du Livre des Morts des Anciens Egyptiens, relatifs au fonctionnement du coeur en relation avec Maat.

En conclusion de l'observation attentive de cette représentation, nous pouvons affirmer les points suivants:

- 1°: le symbolisme central de la scène dite du "jugement des morts" ne laisse pas apparaître de considérations éthiques[173] (seules les confessions les laissent apparaître[174]).

- 2°: C'est au contraire, d'un renvoi pur et simple à une loi naturelle mécanique, physique, et cosmique dont il s'agit. Aucun être ne décide du sort du défunt, c'est la balance qui révèle l'état du coeur du défunt. Ce coeur a-t-il laissé circuler la vie?

- 3°: Un certain état du coeur permet la circulation de Maat. Cette circulation entraîne l'équilibre qui ouvre le passage vers une meilleure forme de vie. Un coeur fermé à Maat, c'est-à-dire ne laissant pas circuler l'énergie, empêche d'atteindre l'équilibre et ouvre le passage, non pas vers une meilleure forme de vie, mais vers la disharmonie, ou la seconde mort. L'animal composite perçu comme un montre par les spécialistes n'est autre que la représentation du principe de la mort. Regardez bien "Ammit", "la grande dévoreuse". Pourquoi les Egyptiens se seraient-ils amusés à mettre un monstre dans cette scène? N'oublions pas qu'ils étaient très concrets et que les artistes ne pouvaient pas se laisser aller à dessiner n'importe quoi. En fait la "grande dévoreuse" n'est autre que la représentation symbolique et précise du principe de la mort. Ce n'est pas dans un but artistique que l'animal a un corps composite, le but est de montrer symboliquement comment survient la mort: par opposition à la scène centrale de la balance, le corps se décompose en l'absence de maat et ils disparaît. La gueule ouverte suggère l'anéantissement, la disparition la désagrégation.

- 4°: Les personnages ne font qu'attendre le résultat de ce que nous avons tort de regarder et d'interpréter comme une simple pesée. En raison de notre approche trop rationnelle et trop matérialiste de la balance, nous oublions bien trop souvent, que la balance avant d'être un instrument de pesée est d'abord l'instrument et le symbole privilégié de l'échange, et qui dit échange, dit circulation.

- 5°: Il y a encore probablement beaucoup d'autres informations, très utiles, concentrées dans cette seule image et dans d'autres images égyptiennes. Mais contentons-nous de retenir les informations tirées de l'observation de cette image qu'en résumant nous pouvons formuler ainsi:

Loi d'équilibre: C'est l'équilibre qui permet la circulation de l'énergie cosmique (une énergie immatérielle) et l'expansion de la vie (à cette idée sont aussi liées les idées de bien-être, de bonheur, de santé, de liberté et de prospérité[175]). C'est la circulation (non entravée) de l'énergie (Maat) qui permet de réaliser cet équilibre. Il est très important, par conséquent, pour bien comprendre le message de la scène dite de la psychostasie, de savoir ce que signifiait réellement Maat pour les Egyptiens anciens, et de comprendre comment ils envisageaient le coeur. A partir de l'image de la psychostasie, nous avons pu déduire que Maat est une énergie solaire et cosmique. Voyons à présent, comment les égyptologues et historiens des religions ont défini la Maat.

CHAPITRE 4

UNE JUSTICE QUI ECLAIRE LA CIVILISATION EGYPTIENNE

Monsieur Jan ASSMANN[176] avait écrit que le concept de Maat est une clef de compréhension du monde égyptien antique. Pourtant, c'est une des notions les plus difficiles à cerner pour notre esprit moderne, pour deux raisons essentielles:

1°: Nous cherchons à rapprocher Maat de concepts connus dans le monde juridique moderne, alors que comme l'a souligné Monsieur Eric HORNUNG il n'y aurait pas de terme, ayant rapport à la justice, correspondant à Maat dans aucune langue.[177] Ce même auteur estime que les Egyptiens anciens ne nous ont pas laissé une définition claire de Maat.

pourtant nous verrons qu'ils ont maintes fois défini Maat, notamment dans les rituels d'offrande de la Maat. Mais c'est de la justice qu'ils n'ont pas donné une définition valable à nos yeux.

2°: Une seconde raison essentielle est que nous avons l'habitude intellectuelle de traiter les grandes questions en les divisant en petits problèmes et en spécialisations. Il est impossible de comprendre le concept égyptien de la Maat si celle-ci est étudiée isolément dans la mesure où dans l'Egypte ancienne, tout était intégré.[178] Par ailleurs, pour comprendre Maat, il ne faut pas la séparer de son "partenaire": le coeur, représenté sur l'autre plateau de la balance dans la scène dite de la psychostasie des *Livres des Morts des anciens Égyptiens*. Il faut aussi savoir extraire judicieusement de la littérature égyptienne qui nous est parvenue, les éléments utiles à la compréhension du concept de Maat. Ils sont principalement liés au fonctionnement du corps humain, à partir du coeur. En effet, cette littérature ne présente pas un caractère d'homogène pertinence.[179] Toute la littérature égyptienne contient souvent pêle-mêle, dans un même texte, voire dans une même phrase, une variété d'informations d'inégale valeur,[180] d'inégale sagesse, d'époques très diverses, et comme l'a souligné aussi Monsieur Jean YOYOTTE, en ce qui concerne le jugement des morts, d'"écoles" de pensées différentes. En effet, un des traits caractéristiques de l'Egypte, comme l'a très bien démontré Alexandre MORET est la faculté de conservation et de sédimentation. Tout comme le sol égyptien,[181] la mentalité égyptienne a construit sur un passé qu'elle a su admirablement conserver.[182] Souvent, les scribes affirment avoir puisé à des sources très anciennes.[183] Ces observations se vérifient particulièrement, dans les textes de sagesse et surtout dans les *Livres des Morts des anciens Égyptiens*, ouvrages qui s'inspirent de textes qui les ont précédés et notamment des Textes des pyramides[184] et qui, au fil du temps, vont grossir et s'emplir des angoisses grandissantes du peuple d'Egypte concernant l'après-vie.[185] Il convient donc de travailler avec ces textes d'une manière très différente de celle que nous adopterions pour des textes modernes. Pour bien comprendre le concept égyptien de justice, il faut sélectionner, à travers toute la littérature Égyptienne, les informations présentant un caractère stable. Celles qui sont parvenues jusqu'à nous et impliquent à la fois le soleil, Maat, et le fonctionnement du corps humain. Comme l'observe Pierre GRIMAL à propos du goût pour la répétition dont font preuve les Egyptiens anciens et que notre mentalité moderne réprouve[186]: "... il est nécessaire, pour lire ces textes, de renoncer à notre attitude en face d'un écrit."

C'est notamment en suivant le conseil de cet auteur que nous pourrons utiliser Maat comme une clef de compréhension du monde égyptien et recomposer un tableau cohérent de la conception égyptienne de la Justice. Pour retrouver le concept originel de la justice dans l'ancienne Egypte, nous avons recherché à travers la littérature égyptienne, toutes les informations utiles à la compréhension du concept de Maat. Les informations sur Maat ont été traduites depuis longtemps déjà par les égyptologues et ce, de manière la plupart du temps adéquate. Cependant, ces informations n'ont jamais été assemblées en une image cohérente de la justice. La raison essentielle est que Maat a trop souvent été: d'une part isolée des autres éléments utiles à sa compréhension (le fonctionnement du coeur notamment); d'autre part, obscurcie par la projection de nos idées modernes. Nous citerons en note ou dans le corps du texte, les textes égyptiens auxquels nous avons puisé les informations pertinentes pour une compréhension utile du concept de Maat, qui permet de répondre aux différents points suivants:

- définition de la Maat, et de son contraire;
- comment la circulation de Maat produit des effets positifs,
-comment Maat circule dans la société humaine,
- ce qui fait obstacle à la circulation de Maat dans la société humaine,
- comment Maat permet de comprendre le principe d'intégration de toutes les sphères de la vie en Egypte,
- pourquoi Maat n'est pas la justice, Bien qu'elle en soit, avec le coeur, la composante essentielle.

Section 1: Qu'est-ce que la Maat, et qu'est ce que son contraire?

Maat, comme tous les textes nous en informent, est une énergie cosmique qui parvient à l'homme par l'intermédiaire du soleil,[187] des dieux et aussi du pharaon. Nous trouvons même la définition de Maat dans l'un des noms de Ramsès II qui s'appelle aussi: OuserMaatrê-Setepenrê ce qui signifie "Maat est la force de Rê, l'élu de Rê".[188]

Cette énergie cosmique manifestée sous forme de lumière[189] ou de puissance[190] sur le plan humain se décline aussi en bonheur, santé, force, vie,[191] prospérité, stabilité (horizontalité, droiture,[192] équilibre) et harmonie. Un passage du Texte des Sarcophages dit clairement que la Maat est la vie.[193] Maat peut être aussi comprise par les effets contraires[194] qu'entraîne son absence. Sans Maat c'est: l'obscurité, la disharmonie, la perte de la vitalité, la misère, la maladie, la destruction, la mort. L'opposé de Maat est "isfet".[195] Ce mot égyptien a été souvent traduit par "chaos". Mais tout comme Maat il pose des problèmes de traduction aux égyptologues qui ont proposé des traductions qu'ils estiment approximatives. C'est ce que souligne Eric HORNUNG qui écrit: "...isfet est: 'un terme de sens obscur qui signifie quelque chose comme injustice, désordre, déraison' (de Buck voulait le traduire directement par 'chaos'). On trouve aussi gereg, 'mensonge' et chab, 'ce qui est tordu'. Il en découle pour Mât des significations comme 'justice, authenticité, exactitude, ordre, droiture'."[196]

Tandis que Monsieur Jean YOYOTTE écrit:

"Plus ou moins teintée de conformisme politique et social, l'éthique égyptienne consiste, pour le particulier, à agir, sur tous les plans en accord avec Maat. Le juste, l'homme de bien, le bien-heureux dans l'autre monde, sera dit Maaty, 'celui qui est de Maat'; l'"inique', le rebelle à son roi, le sacrilège, le perturbateur qui attente à l'ordre fondamental des choses est l'isefety, d'un mot isefet qui désigne l'atteinte à Maat et peut se traduire par 'désordre'."[197]

Pourtant, nous savons par de nombreux textes que Maat détruit les ennemis de Rê[198] et que l'ennemi de Rê c'est l'obscurité.[199] Quand on traduit Maat par la lumière qui crée la vie, il est facile de reconnaître en "isfet" l'obscurité qui entraîne la mort et de mieux comprendre pourquoi dans l'écriture hiéroglyphique le dessin du disque solaire noir signifie le non-être[200] et aussi pourquoi on n'offre pas Maat au dieu de la guerre.[201] Un passage de l'Hymne à Knoum assimile la lumière à la vie.[202] Au plan cosmique, la circulation de Maat entraîne l'équilibre cosmique, dont la "stabilité" de Rê (le soleil)[203] dans le ciel est un élément très important aux yeux des anciens Egyptiens. Maat est l'énergie qui nourrit tout le Cosmos, elle nourrit le soleil, qui la respire aussi[204] et elle nourrit tous les dieux, ce qui explique l'écriture hiéroglyphique de Maat (⌑) qui évoque la base et l'horizontalité.

Section 2: Les effets positifs de Maat à travers sa circulation

Pour produire ses conséquences bénéfiques, la Maat doit pouvoir circuler sans entraves. D'où l'importance maintes fois attestée et soulignée, du rituel pharaonique de l'offrande de la Maat au Soleil. Il s'agit pour le pharaon d'entretenir la circulation cosmique, en rendant au Soleil la Maat qu'il a lui-même reçue à travers son coeur et généreusement transmise. C'est par ce rituel que le pharaon participe à l'ordre cosmique, tandis que tout être humain a vocation, grâce à un organe physique: le coeur, à participer au bon ordre du microcosme et du macrocosme. Quant au Soleil, il fait vivre tous les coeurs,[205] il respire Maat[206] et son énergie pénètre dans les coeurs[207] tandis que le coeur est la source de vie de chaque être humain.[208] Il est omniprésent dans la littérature égyptienne et de nombreuses expressions sont créées à partir de ce concept. l'Egyptien ancien écoute avec son coeur,[209] comprend avec son coeur, parle avec son coeur, décide avec son coeur,[210] désire avec son coeur,[211] se guide sur le chemin de la vie grâce à son coeur.²¹² Il vit grâce à son coeur,²¹³ parle du coeur du soleil et des divinités, "s'unit au soleil par le coeur",²¹⁴ s'unit au coeur de son ba,²¹⁵ a le "coeur droit",²¹⁶ est protégé par son coeur quand il dort²¹⁷ et vit grâce à l'énergie du coeur pendant le jour. Quand son coeur est las ses membres sont faibles. Il arrive même que le "coeur des animaux pleure".²¹⁸ Bref, les informations concernant le coeur ne manquent pas²¹⁹ et il est facile de comprendre à travers elles comment la Maat circule dans la société humaine.

Section 3: La circulation de Maat dans la société

C'est à travers le coeur de l'être humain que va circuler la Maat, d'où l'importance des passages contenant des informations très stables, relatives au coeur et la nécessité de ne pas déformer leur sens. Pour ne pas déformer le sens de ces passages, la traduction littérale souvent mentionnée par les traducteurs s'avère beaucoup plus riche de sens que les traductions non littérales. Ces dernières, souvent retenues par les auteurs, sont trop chargées de notre perception moderne trop matérialiste concernant le monde, ou pas assez concrète concernant le phénomène religieux. La traduction littérale replacée dans le contexte mental égyptien et dans la sensibilité de ce peuple possède un sens exact et beaucoup plus utile. On ne prendra pas en considération par exemple la traduction suivante donnée par Monsieur Guy RACHET de la "Formule pour que le coeur d'Ani ne témoigne pas contre lui" du chapitre XXX B du Livre des Morts d'Ani:

"Parole de l'Osiris Ani. Qu'il dise: coeur de ma mère, coeur de ma mère, coeur de mes transformations, ne t'oppose pas à moi lors du témoignage, ne me repousse pas devant les juges divins, ne t'éloigne pas de moi devant le gardien de la balance. Tu es mon ka dans mon corps, tu es le modeleur qui rend prospères mes membres."[220]

mais la traduction littérale qu'il mentionne dans ses notes: à savoir: "mon coeur ma mère, deux fois. mon devenir à l'être".

et qu'il retient plus loin en écrivant:

"Chapitre XXXB Formule, divines offrandes à tous les dieux, Ani le justifié, dans le Nerter -khert. Dire: mon coeur, ma mère, ma mère. Mon coeur de mon devenir ne te lève pas contre moi lors du jugement, ne me repousse pas devant les divins juges, ne te sépare pas de moi en présence du gardien de la balance. Tu es mon ka dans mon corps, (tu es le) Khnoum, rendant puissants mes membres. Puisses-tu sortir vers le lieu de beauté vers lequel nous nous rendons. Ne rends pas mon nom odieux dans la cour qui donne aux hommes leur position (leur place)."[221]

En effet, le coeur étant le centre vital de l'être humain, c'est-à-dire très concrètement: celui qui nourrit et qui transmet la vie (comme une mère) dans la pensée égyptienne antique, il est plus vrai de garder le sens littéral: "mon coeur, ma mère, ma mère" que coeur de ma mère qui a beaucoup moins de sens.[222]

De même nous préférons la traduction littérale suivante:

"Tes rayons parviennent sur ma poitrine" (qui évoque un fait concret les rayons du soleil pénétrant le coeur d'Ani) à la traduction retenue par le traducteur, à savoir: "Que soient adorées tes beautés devant mes deux yeux, devenues esprits (Akhou) sur ma poitrine" et pour laquelle l'auteur donne les raisons suivantes:

"J'ai préféré la traduction de... par: "(tes beautés) devenues Esprits sur ma poitrine" à une version plus classique de "tes rayons parviennent sur ma poitrine", car il me paraît que doive être marqué le côté spirituel des rayons du soleil. La lumière solaire est identifiée à la lumière spirituelle qui éclaire l'âme et fait du mort un esprit lumineux."[223]

Mais, revenons à la Maat. En fait, les textes nous enseignent que Maat circule plus ou moins bien. Par ailleurs, nous avons observé que dans la scène de la psychostasie, le coeur est représenté comme un vase, et nous en avons déduit que l'image du coeur symbolisait le caractère de "récipient" du coeur humain. En effet, le coeur reçoit la Maat du soleil,[224] il la capte par l'écoute[225] et par les sens. Dans le Chapitre XVIII du papyrus d'Ani, on peu lire:

"L'Osiris Ani, le scribe, dit: je viens vers toi le coeur plein de Maat."[226] et dans un autre passage Ani, dit: "verse Maat dans mon coeur". [227]

Dans la "Prophétie de Neferty", on apprend que:

"Le disque solaire, voilé, ne brillera plus pour que le peuple puisse voir; on ne pourra pas vivre si les nuages (le) recouvrent; et, privés de lui, tous les hommes seront sourds."[228]

Le coeur humain est le vecteur physique de la circulation énergétique.[229] L'Egypte ancienne avait compris, bien avant l'ère de l'informatique moderne, [230] et cela, à l'échelle de l'univers, quel parti elle pouvait tirer de la loi du passage/ou non passage d'une énergie immatérielle à travers un corps matériel qui "véhicule la puissance".[231] La scène de la psychostasie est une remarquable synthèse symbolique de cette connaissance.

Si le coeur est ouvert à Maat, c'est-à-dire s'il capte bien "écoute bien"[232] l'énergie cosmique, cela est déjà une bonne chose, mais ce n'est pas suffisant pour créer l'harmonie. Encore faut-il que cette énergie circule, c'est-à-dire qu'elle soit correctement émise, et ce, principalement à travers la langue (c'est-à-dire les paroles) et à travers les actes (c'est-à-dire le comportement et les gestes des êtres humains). Il est alors aisé de comprendre pourquoi: 1°) les Égyptiens anciens, accordaient une telle importance à la parole, et 2°) pourquoi tant de civilisations ont accordé au niveau juridique une importance capitale à "la parole donnée", "à la promesse" ou à la récitation exacte des "formules de la loi" en Droit Romain antique. La parole, c'est de la Maat, captée dans le coeur,[233] transformée ("coeur de mes transformations"[234]) et émise à travers la langue. D'où la formulation suivante utilisée dans un texte "Ce n'est point soutenir ma voix" qui signifie selon Madame Claire LALOUETTE: "ce n'est pas me rendre justice."[235]

Section 4: Les entraves à la circulation de Maat

Il existe de multiples façons de bloquer la circulation de Maat. Parmi elles, il y a notamment le mensonge, "l'abomination des dieux" selon les Egyptiens. Mais, le mensonge en Egypte, comme nous l'apprennent de nombreux textes est un acte extrêmement précis qui ne relève pas de notre notion morale moderne. Mentir, consiste pour un être humain à ne pas parler (et probablement aussi à ne pas agir) en conformité avec ce qu'il ressent dans son coeur.[236] En se comportant ainsi, il perturbe la circulation de Maat et occasionne ainsi un déséquilibre en lui-même et autour de lui. Le mensonge est en effet une "abomination", car il entrave la circulation de Maat. Le premier à en pâtir est le menteur. Dans cette vie même, il aura à subir les disharmonies tant physiques que psychiques entraînées par l'acte de mentir. Son opposé: la vérité, très prisée par les Égyptiens est, elle aussi, un concept extrêmement précis. Dire la vérité, c'est être juste, c'est-à-dire parler selon son coeur,[237] donc selon Maat. Dire la vérité c'est vivre en conformité avec le principe essentiel de Maat: la circulation exacte (au sens de appropriée) et harmonieuse de l'énergie à travers le cosmos et donc aussi dans le groupe humain, qui en fait partie. Nous comprenons alors mieux l'expression qui si souvent revient dans les textes: "juste de voix",[238] elle signifie tout simplement que la voix est juste lorsqu'elle est émise en conformité avec le coeur, c'est-à-dire avec la circulation de la Maat. Une des conséquences de cette voix juste, comme l'expose le texte de théologie Memphite dont nous citons en note quelques extraits significatifs concernant le fonctionnement du coeur,[239] est la créativité comme résultat de l'émission de la vie.

Une seconde façon d'entraver la circulation de Maat est

"l'avidité" du coeur si vivement réprouvée[240] par les Égyptiens. Pourtant, pendant la majeure partie de leur histoire cette avidité n'apparaît pas comme un péché au sens moderne. L'avidité du coeur est pour les Egyptiens anciens une aberration[241] du fonctionnement, qui peut être corrigée par la correction de l'attitude du coeur. "L'avide de coeur" comme l'expression l'illustre bien, est incapable d'échanger, donc de faire circuler harmonieusement la Maat, dont les bienfaits en définitive lui échapperont. Nous pouvons lire dans le conte de l'homme de l'Oasis la phrase suivante:

"Il n'y a pas d'hier pour l'homme oisif, pas d'ami pour qui est sourd à la justice, pas de jour heureux pour l'homme avide."[242]

Une troisième façon consiste à "avaler son coeur" ou aussi "à manger son coeur".[243] Sur cette notion, contrairement aux autres façons de bloquer l'énergie, nous n'avons pas trouvé d'explications limpides à travers la littérature égyptienne.

Une quatrième façon de ne pas faire circuler la Maat consiste en une impossibilité de la capter, principalement en raison d'une mauvaise écoute. Alors que la légèreté du coeur est une qualité dans notre mentalité moderne, Il faut bien noter que c'est tout au contraire un défaut pour les Egyptiens anciens. Loin de concevoir cette légèreté de notre façon abstraite signifiant: un coeur dénué de péchés; les Egyptiens voient cette légèreté de manière concrète comme un coeur manquant de Maat. La légèreté du coeur est pour les Egyptiens un défaut, car l'homme qui est trop léger n'a pas assez de Maat dans le coeur, il n'est pas assez vivant.[244] Un texte nous apprend qu'au défaut de légèreté du coeur correspond, notamment, une certaine lourdeur physique.[245] Tandis qu'*a contrario*, un autre texte nous dit qu'être empli de Maat apporte la santé corporelle.[246]

Par conséquent, après avoir pris connaissance du fait que la légèreté du coeur est un défaut et non une qualité pour les anciens Egyptiens, nous ne pouvons pas accepter les idées relatives au "poids du coeur" qui figurent dans la description de la scène de la psychostasie donnée en ces termes par un auteur (et suivie aussi par l'égyptologie en général):

"....Sur le plateau à gauche de] a balance est déposé le coeur, sous la forme d'un petit vase. Pour les anciens Égyptiens, le coeur était l'organe de la pensée et de la conscience. Sur l'autre plateau est posée la plume, symbole de Maat. Le coeur ne doit pas peser plus lourd que la plume, son, poids étant constitué par les mauvaises actions, les péchés.....Tout à fait sur la droite se dresse Thot à tête d'ibis qui tient à la main l'écritoire du scribe et le calame. Derrière lui Amam ('m'm) ou Ammit, monstre dont le nom signifie 'la dévorante', chargé de dévorer le coeur du mort dans le cas où il pèserait dans la balance plus lourd que la plume; ce qui équivaut pour le défunt à la plongée dans le néant."[247]

Cet exemple illustre très nettement la façon dont nos projections de concepts modernes, notamment nos principes moraux, nous empêchent d'entrer dans l'esprit des textes de l'Egypte antique.

Section 5: Toutes les sphères de la vie sont intégrées en Egypte, pourquoi?

Maat est omniprésente, elle anime tout ce qui a un coeur et, selon le Texte de Théologie Memphite, tout ce qui vit a un coeur. Il est souvent écrit que Maat est la fille du soleil, et aussi sa mère, qu'elle est sa nourriture, et aussi la nourriture de tous les dieux. En tant que mère et fille à la fois de Rê, c'est un symbole féminin que l'Egypte ancienne a choisi pour représenter le principe de la circulation de l'énergie cosmique. En effet, ce qui singularise le corps féminin c'est sa capacité à servir de vecteur à la fois de la vie et de la nourriture (le lait maternel). La femme, tout comme le soleil fait passer la vie (immatérielle) à travers son corps (matériel). C'est Maat, qui en circulant dans l'univers donne ce que les Egyptiens appellent "stabilité", "horizontalité" ou "droiture", autant de termes pour désigner notre notion moderne d'équilibre,[248] qui maintient l'harmonie du cosmos où, du fait de la bonne circulation de Maat, tout est stable, à sa place.

Etre "droit" ou être "juste" dans ce contexte signifie agir selon la loi de Maat qui consiste à laisser circuler encore et toujours le flux de la vie, c'est ne pas obstruer le passage de Maat. Les expressions "droit"[249] ou "horizontal" se réfèrent très concrètement à la position des plateaux de la balance de la scène de la psychostasie. C'est la raison pour laquelle on peut lire dans le papyrus d'Ani:

"Paroles d'Horus. le fils d'Isis: je viens vers toi, Ounnefer, et je t'amène l'Osiris Ani. **Son coeur est droit, il sort de la balance,** il n'a jamais dit de mal d'aucun dieu ni d'une déesse.... **il est droit et juste**, parfaitement."[250] (c'est nous qui soulignons)

En ce qui concerne le microcosme humain, c'est par Maat que tous les coeurs sont liés, et nous apprenons que le soleil a lui aussi un coeur,[251] ce qui explique pourquoi tout, en Egypte, était imbriqué: le social, le politique, le scientifique, le cosmique et ce que nous avons perçu comme étant une religion. Tout est vu sous l'angle de la circulation de l'énergie cosmique, en d'autres termes: du principe de la circulation de la vie, sous l'angle par conséquent de la dimension énergétique et immatérielle de l'être humain à laquelle nos civilisations modernes accordent si peu d'intérêt. C'est cette circulation énergétique ininterrompue qui maintient l'ordre au plan cosmique et au plan politique, et le pharaon, à travers le rite de l'offrande de Maat boucle le cercle de cette circulation d'énergie. En effet, il a reçu Maat du soleil et il la lui offre en retour. On comprend alors pourquoi le rituel de l'offrande de la Maat par le pharaon était le rituel par excellence. En fait, ce que nous avons qualifié de "religion égyptienne" était très loin de notre conception moderne très abstraite de la religion.[252] Les effets de la bonne circulation de Maat ou de sa mauvaise circulation peuvent être expérimentés par ceux qui se donnent la peine d'une auto-observation énergétique et d'une auto-correction comportementale.[253] En effet, les Égyptiens anciens, en présence de comportements que nous qualifions de péchés, ne voient que des aberrations qui doivent être corrigées par une meilleure compréhension, une meilleure écoute de Maat.[254]

La civilisation Égyptienne s'est bâtie sur la connaissance de la circulation de l'énergie cosmique et sur la recherche du bien-être de l'être humain tant intérieur (santé, bonheur, vitalité), qu'extérieur (prospérité matérielle).[255] Cette prospérité était étroitement dépendante de la libre circulation de l'énergie cosmique, représentée par la plume de Maat.[256] légère et blanche comme la lumière,[257] Maat est une énergie qui doit circuler. L'objectif majeur du peuple égyptien était le bonheur et la vitalité. Au pharaon on souhaitait systématiquement les moyens de l'atteindre: et Madame Claire LALOUETTE nous explique que la phrase: "Puisse-t-il vivre, être en bonne santé et prospérer" (habituellement abrégé en "Vie-Santé-Force") est un souhait placé après chaque nom royal ou chaque élément de la personne ou de l'entourage".[258] Parce que nous n'avons pas su privilégier la recherche du bonheur intérieur de l'être humain, nous ne connaissons pas grand-chose de l'énergétique humaine, bien que nous admettions que les plantes, par exemple, captent et transforment l'énergie solaire. Nous n'avons jamais pris conscience, à l'instar des anciens Égyptiens, de l'extrême importance de l'énergie cosmique qui est la base de la vie et de la création pour les anciens Égyptiens. L'Egypte représente un modèle philosophique à suivre, tant dans la vie individuelle, pour un développement personnel, que dans la vie collective, pour appliquer les lois de la création de l'abondance.

Section 6: Maat n'est pas la justice

Bien qu'elle en soit, avec le coeur, la composante essentielle, la Maat n'est pas la justice. Elle lui est, cependant, si étroitement liée qu'il n'est pas étonnant que des générations d'égyptologues l'aient traduite par l'expression "Vérité-Justice", non sans être gênés par le flou de cette traduction approximative, due à la difficulté qu'ils éprouvent de cerner ce concept si spécifique de la civilisation égyptienne. Faire la Maat signifie d'abord: faire de l'énergie, dire la Maat signifie aussi "dire de l'énergie" tandis que faire la justice, être juste, équilibré, horizontal, droit, stable, consiste à faire circuler la Maat en utilisant le coeur de manière harmonieuse. Le texte des Sarcophages dit bien clairement que Maat est la Vie:

"Atoum[259] dit: "Tefnout, Celle qui est la vie, est ma fille; elle est avec son frère Shou, appelé aussi Celui qui est la vie: Maat est également son nom à elle."[260]

Section 7: Qu'est-ce que la justice égyptienne?

Blanche, et légère, Maat n'est pas à elle seule la justice. La justice consiste à faire circuler la Maat en rétablissant l'équilibre rompu ou en empêchant l'installation d'un déséquilibre.

La scène de la psychostasie devrait être rebaptisée "scène de la justice", car elle représente le principe de la Justice dans l'Egypte antique. La justice est un processus vital qui consiste à établir ou rétablir par l'équilibre entre la matière et l'immatériel, une circulation harmonieuse de l'énergie cosmique (dont la parole est une des manifestations extérieures). Cette justice se décline tant sur le plan cosmique que sur le plan humain (communication, passage de l'énergie à travers le cosmos). Faire justice c'est rendre le plateau de la balance "horizontal", "droit" ou encore "stable" et pour ce faire il faut écouter Maat,[261] dire Maat, faire Maat. Nous pouvons lire dans le texte qui accompagne la scène dite de la psychostasie dans le Papyrus d'Ani:

"Celui qui est dans la tombe dit: je te prie, ô peseur d'équité (Maat),[262] fais que la balance reste stable".[263]

C'est aussi de stabilité dont on parle pour le soleil dans le ciel et la stabilité est l'un des souhaits qu'on adresse au Pharaon.[264]

CONCLUSION

A travers l'étude du concept de Maat dans la civilisation égyptienne antique, nous avons dégagé l'idée d'une justice très différente de celle à laquelle nous avons coutume de nous référer dans le monde traditionnel. En effet, si dans le monde traditionnel, la justice consiste essentiellement à partager[265] ou attribuer des biens matériels ou des sommes d'argent et à punir des personnes en limitant leur liberté; la justice égyptienne s'intéresse à tout autre chose. C'est un concept de justice très original dont l'objectif est d'accroître la vie et de permettre l'abondance et le bonheur. Dans le monde égyptien, l'être humain, comme tout ce qui vit, est partie intégrante du cosmos, et comme toute matière vivante, il a la faculté de capter l'énergie solaire par l'intermédiaire de son coeur, de la transformer, de l'émettre et de l'échanger notamment par la parole: le *logos*. Les Egyptiens avaient observé que la circulation harmonieuse de cette énergie transformée en paroles entraînait sur de nombreux plans une croissance, pour l'individu et aussi pour le groupe. Cette circulation apportait le bonheur, la prospérité physique (c'est-à-dire la santé) et matérielle. En revanche l'obstruction de la circulation de cette énergie entraînait la décroissance, la destruction, le malheur, la misère, la maladie et jusqu'à la mort. La place centrale du concept de Maat dans la civilisation égyptienne prouve que les prêtres de l'ancienne Egypte avaient une connaissance approfondie des vertus de l'énergie solaire et des processus de la vie et de la mort.

NOTES

---

[1] Alors qu'à Babylone, existait déjà le Code Hammurabi, reçu du Dieu Soleil Shamash. *Cf.* Joseph SARRAF, *op. cit.*, p. 31. En ce qui concerne l'ancienne Rome, là-aussi le droit est d'abord issu de la pratique, ce n'est que plus tard dans l'histoire romaine qu'il sera écrit puis codifié. *Cf.* sur ce point: Pierre GRIMAL, *op. cit.*, p. 107 et p. 155.

[2] *Cf.* Claire LALOUETTE, *Textes sacrés et Textes profanes de l'Ancienne Egypte, tome II: Mythes, contes et poésies*, Paris, Gallimard/Unesco, 1987, p. 84: à propos du "1er traité de droit international ", daté de l'an 1278 av JC: Le traité Egypto-hittite de RAMSÈS II et HATTUSILI III.

[3] Joseph SARRAF, *op. cit.*, introduction.

[4] Il ressort des connaissances actuelles en égyptologie que la "pesée des âmes" est devenue individuelle vers l'an 2000 avant Jésus-Christ et qu'auparavant elle ne semblait concerner que le Roi, qui déclaré juste, entraînait avec lui tout son peuple dans l'au-delà, et pouvait ainsi continuer à régner.

[5] Pour tout voyageur moderne qui arrive en Egypte par Avion, il est très facile de comprendre pourquoi HERODOTE avait jugé que l'Egypte était un don du Nil. En effet, la vue qui s'offre à lui est celle d'une ligne verte de chaque côté du Nil et autour de cette végétation qui borde le cours d'eau: rien que le désert. HERODOTE, *L'Enquête*, Livres I à IV, édition d'Andrée BARQUET, Paris, Gallimard, Folio classique, 1964, p. 160: "Il est évident pour tout homme, même non prévenu, qui voit ce pays, -j'entends tout homme intelligent-, que la partie de l'Egypte où abordent les vaisseaux des Grecs est une terre d'alluvions, un don du fleuve, de même que la région qui s'étend à trois jours de navigation en amont du lac, région dont mes

informateurs ne m'ont rien dit de tel, mais qui a la même origine elle aussi."

[6] Selon les ouvrages, Maat n'est pas orthographiée de façon stable. Nous trouvons: Mâat, Maat, Mâït etc...

[7] Par exemple: Joseph SARRAF, *La notion du droit d'après les Anciens Egyptiens*, Città del Vaticano, Libreria editrice vaticana, 1984, Collana storia e attualità, n° 10, p. 35; Jan ASSMANN, *Maat, l'Egypte pharaonique et l'idée de justice sociale*, Conférences essais et leçons du Collège de France, Paris, Julliard, 1989, p. 104; Alexandre MORET, *Le Nil et la civilisation égyptienne*, Paris, La Renaissance du livre, 1926, p. 440.

[8] *Cf.* par exemple: Jean YOYOTTE, "La pensée préphilosophique en Egypte", extr. Encyclopédie de la Pléiade, histoire de la philosophie, I, Paris 19.., p. 11.

[2³³] *Ibid.*

[10] Jean-Claude GOYON, *Maat et Pharaon ou de destin de l'Egypte antique*, Lyon, Editions ACV, 1998, p. 88.

[11] Alexandre MORET, "La doctrine de Maat", Revue d'égyptologie, tome 4, Le Caire, 1940, Institut français du Caire.

[12] Emily TEETER, *The presentation of Maat, Ritual and Legitimacy in Ancient Egypt*, Chicago, The University of Chicago, 1997.

[13] Emily TEETER, *The Presentation of Maat, Ritual and Legitimacy in Ancient Egypt*, op. cit., p. 14-15.

[14] Dessin extrait de l'article d'Alexandre MORET, "Le rituel du culte divin journalier en Egypte", *op. cit.*, p. 45.

[15] De la même source Voici trois autres représentations symboliques de la Maat:

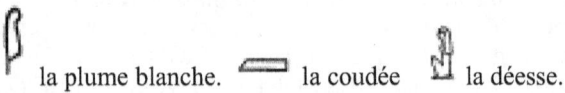

la plume blanche.   la coudée   la déesse.

[16] Jean-Claude GOYON, *Maat et Pharaon ou de destin de l'Egypte antique*, Lyon, Editions ACV, 1998, p. 88.

[17] Myriam LICHTHEIM, *Maat in Egyptian Autobiographies ana Related Studies*, Fribourg, Universitätsverlag Freiburg Schweiz, Vandenthoeck and Ruprecht Göttingen, 1992.

[18] Mais quasiment pas les juristes.

[19] Henri FRANKFORT, *Ancient Egyptian Religion, an Interpretation*, New York, Columbia University Press, 1948, passim.

[20] Jan ASSMANN, *op. cit.*, p. 18; Henri FRANKFORT, *Ancient Egyptian Religion, op. cit.*, p. 67, p. 117-118.

[21] Jan ASSMANN, *op. cit.*, p. 144, note 11: "Il me semble signifiant que les premiers à identifier Maat à l'ordre cosmique ont été C.J. Bleeker, qui est un historien des religions, et Alexandre MORET, qui, parmi les égyptologues de son temps, était le plus fortement influencé par les théories de J. Frazer."; Philippe DERCHAIN, *Le papyrus Salt 825 (BM 10051) rituel pour la conservation de la vie en Egypte*, Bruxelles, Académie royale de Belgique, Mémoire n° 1784, Classe des lettres, tome LVIII, fasc. I a, 1965, p. 13.

[22] Claas Jouco BLEEKER, *De Beteekenis van de Egyptische Godin Ma-a-t*, Leiden, 1929.

[23] Claas Jouco BLEEKER, *Egyptians Festivals, Enactments oj Religious Renewall*, 1967, E.J. Brill, Leiden, Netherlands.

[24] Claas Jouco BLEEKER, *Egyptians Festivals, op. cit.*, p 1.

[25] Claas Jouco BLEEKER, *Egyptians Festivals, op. cit.*, p. 4.

[26] Claas Jouco BLEEKER, *Egyptians Festivals, op. cit.*, p. 16.

[27] Claas Jouco BLEEKER, *Egyptians Festivals, op. cit.*, p. 12-13.

[28] Claas Jouco BLEEKER, *Egyptians Festivals, op. cit.*, p. 7-8.

[29] Les rituels étaient des actes précis de la vie réelle, des actes concrets par lesquels les Egyptiens mettaient en oeuvre leurs croyances "religieuses".

[30] Claas Jouco BLEEKER, *Egyptians Festivals, op. cit.*, p. 6-7.

[31] Claas Jouco BLEEKER, *Egyptians Festivals, op. cit.*, p. 7. Traduit de l'anglais: "Ma-a-t is both a concept and a goddess. As a concept Ma-a-t represents truth, justice and order in corporate life, three ethical values which upon closer inspection prove to be based on the cosmic order."

[32] Claas Jouco BLEEKER, *De Beteekenis van de Egyptische Godin Ma-a-t*, Leiden, 1929.

[33] Irene SHIRUN-GRUMACH, "Remarks on the Goddess MAAT", *Pharaonic Egypt, the Bible and Chritianity*, Jerusalem, ed. S. Israelit-Groll, the Magnes Press, The Hebrew University, 1985, 173-201, *cf.* p. 173, notamment.

[34] Claas Jouco BLEEKER, *Egyptians Festivals, enactments of religious renewall, op. cit.*, p. 5, pourtant il cite MORENZ qui aurait souligné que la langue égyptienne ne contient pas de mots pour des concepts tels que la religion, la piété et la croyance (MORENZ, *Ägyptische Religion*, 1960): "He is the first to have pointed out that the Egyptian language has no words for concepts such as religion, piety and belief, which are an integral part of our language...But the picture he presents of ancient Egyptian religion as such, is too much centred on individual piety and gives a biased and distorted view of important facets of the object of study, viz. the cult." (Il est le premier à avoir noté que la langue égyptienne n'a pas de mots pour des concepts tels que religion, piété, et foi, qui appartiennent intégralement à notre langage... Mais sa description de l'ancienne religion égyptienne en tant que telle, est trop centrée sur la piété individuelle et donne une image faussée et non objective d'importants aspects de l'objet de l'étude à savoir, le culte.)

[35] Philippe DERCHAIN, *Le papyrus Salt 825 (BM 10051) rituel pour la conservation de la vie en Egypte*, Bruxelles, Académie royale de Belgique, Mémoire n° 1784, Classe des lettres, tome LVIII, fasc. 1 a, 1965, p. 13.

[36] Erik HORNUNG, *L'esprit du temps des pharaons*, Paris, Hachette, collection Pluriel, 1996, p. 137.

[37] Claas Jouco BLEEKER, *Egyptians Festivals, op. cit.*, p. 6.

[38] Claas Jouco BLEEKER, *Egyptians Festivals, op. cit.*, p. 6.

[39] C'est à dire créatrice de mythes, H. FRANKFORT, A. FRANKFORT, WILSON, JACOBSEN AND IRWIN, *The Intellectual Adventure of Ancient Man*, Chicago, University of Chicago Press. 1946, p. 10.

[40] Henri FRANKFORT, *Ancient Egyptian Religion, an Interpretation*, New York, Columbia University Press, 1948.

[41] Henri FRANKFORT, *Ancient Egyptian Religion, an Interpretation*, New York, Columbia University Press, 1948, p. 63.

[42] Henri FRANKFORT, *Ancient Egyptian Religion, an interpretation*, New York, Columbia University Press, 1948 p. 93, 108, 109, 114.

[43] Henri FRANKFORT, *Ancient Egyptian Religion, an interpretation, op. cit.*, p. 19.

[44] Henri FRANKFORT, *op. cit.*, p. 90 et p. 91.

[45] Henri FRANKFORT, *op. cit., p.* 55.

[46] Henri FRANKFORT, *op. cit.,* p. 51: "The social order was part of the cosmic order", (L'ordre social faisait partie de l'ordre cosmique.) voir aussi sur ce thème: Henri FRANKFORT, *Kingship and the Gods*, Chicago, 1948.

[47] Henri FRANKFORT, *Ancient Egyptian Religion, an Interpretation, op. cit.,* p. 55. Traduit de l'anglais: "But we lack words for conceptions which, like Maat, have ethical as well as metaphysical implications. We must sometimes translate "order", sometimes "truth", sometime "justice"; and the opposite of Maat requires a similar variety of renderings. In this manner we emphasize unwittingly the impossibility of translating Egyptian thoughts into modern language, for the distinctions which we cannot avoid making did not exist for the Egyptians."

[48] *Ibid.*, p. 117.

[49] *Ibid.*, p. 73.

[50] *Ibid.*, p. 67.

[51] *Ibid.*, p. 73.

[52] *Ibid.*, p. 117.

[53] *Ibid.*, p. 117-118.

[54] *Ibid.*, p. 118-119.

[55] *Ibid.*, p. 121.

[56] *Ibid.*, p. 72, sur le côté pratique par exemple des résultats de la générosité.

[57] Jan ASSMANN, *Maat, l'Egypte pharaonique et l'idée de justice sociale*, Conférences essais et leçons du Collège de France, Paris, Julliard, 1989.

[58] Jan ASSMANN, *op. cit.,* p. 12.

[59] Jan ASSMANN, *op. cit.,* p. 13.

⁶⁰ Jan ASSMANN, *op. cit.*, p. 17.

⁶¹ Jan ASSMANN, *op. cit.*, p. 18.

⁶² Jan ASSMANN, *op. cit.*, p. 18.

⁶³ Jan ASSMANN, *op. cit., cf.* son résumé p. 54-55.

⁶⁴ Jan ASSMANN, *op. cit.*, p 36.

⁶⁵ *Cf.* "la prophétie de Neferty", traduction par Claire LALOUETTE, *Textes sacrés et Textes profanes de l'Ancienne Egypte*, tome I, *Des Pharaons et des Hommes*, Paris, Gallimard/Unesco, 1984, p. 71: "Le disque solaire, voilé, ne brillera plus pour que le peuple puisse voir; on ne pourra pas vivre si les nuages (le) recouvrent; et, privés de lui, tous les hommes seront sourds."

⁶⁶ Alfred TOMATIS, *Vers l'écoute humaine*, Paris, E.S.F., 1979, tome I, p. 34.

⁶⁷ Jan ASSMANN, *Maat, op. cit.*, p. 107.

⁶⁸ Jan ASSMANN, *Maat, op. cit.*, p. 37.

⁶⁹ Jan ASSMANN, *op. cit.*, p. 133.

⁷⁰ S. BICKEL, *La cosmogonie égyptienne avant le Nouvel Empire*, Fribourg, 1999, p. 171.

⁷¹ Bernadette MENU, "Le tombeau de Pétosiris (2) Maat, Thot et le droit", Paris, *BIFAO* (Bulletin de l'Institut Français d'Archéologie Orientale), tome 95 (1995), p. 281-295.

⁷² *Ibid.*, p. 282: "La norme est l'affaire de Maat; son application celle de Thot."

⁷³ Selon Pierre GRIMAL dans la préface de la traduction de Claire LALOUETTE, *Textes sacrés et Textes profanes de l'Ancienne Egypte*, tome I, *Des Pharaons et des Hommes*, Paris, Gallimard/Unesco, 1984, p. 8 et p. 16.

⁷⁴ Sur la "période axiale, *cf.* note n° 10.

⁷⁵ Jean YOYOTTE, "La pensée préphilosophique en Egypte", *op. cit*, p.1.

⁷⁶ Jean YOYOTTE,"La pensée préphilosophique en Egypte", *op. cit.*, p. 1. C'est aussi l'opinion généralement partagée par tous les auteurs qu'ils soient égyptologues ou historiens des religions: *cf.* par exemple: H. FRANKFORT, A. FRANKFORT, WILSON, JACOBSEN AND IRWIN, *The Intellectual Adventure of Ancient Man*, 1946, University of Chicago Press p. 3; Claas Jouco

BLEEKER, *Egyptians Festivals, Enactments of Religious Renewall*, 1967, op. *cit.*, p. 14; Beatrice L. GOFF, *Symbols of Ancient Egypt in the Late Period, the Twenty-first Dynasty*, Yale University, Mouton publishers, 1979, p. 19.

[77] Jean YOYOTTE, "La pensée préphilosophique en Egypte", *op. cit.*, p. 2.

[78] Erik HORNUNG, *L'esprit du temps des Pharaons*, Paris, Hachette,1996, p. 25.

[79] Erik HORNUNG, *op. cit.*, p. 16-17.

[80] Beatrice L. GOFF, *Symbols of ancient Egypt in the late period, the twenty-first dynasty*, *op. cit.*, p. 158.

[81] Alexandre MORET, *Le Nil et la civilisation égyptienne*, Paris, La Renaissance du livre, 1926, p. 422: "La fabrication des images est une création, qui relève autant de la magie que de l'art. Le sculpteur est appelé 'celui qui fait vivre' (sâkh), car il appelle à la vie une forme -ou 'celui qui enfante' (mes)".

[82] Alexandre MORET, *Le Nil et la civilisation égyptienne*, Paris, La Renaissance du livre, 1926, p. 91; Siegfried MORENZ, *Egyptian Religion*, London, Methuen and Co litd, 1976, p. 153-154; Erik HORNUNG, *L'esprit du temps des Pharaons*, Hachette, 1996, p. 25.

[83] Erik IVERSEN, *The Myth of Egypt and its Hieroglyphs in European Tradition*, Copenhagen, GEC Gad, 1961, p. II.

[84] Erik IVERSEN, *op. cit.*, p. 11.

[85] Beatrice L. GOFF, *Symbols of Ancient Egypt, op. cit.*, p. 158.

[86] Dans le langage informatique ce serait un fichier compressé qu'il faudrait savoir décompresser ou étendre.

[87] Le silence est une vertu du monde Egyptien, *cf.* Jan ASSMANN, *Maat, l'Egypte pharaonique et l'idée de justice sociale*, Conférences essais et leçons du Collège de France, Paris, Julliard, 1989, p. 44: "La sagesse en égyptien est le silence".; *cf.* Henri FRANKFORT, *Ancient Egyptian Religion, op. cit.*, p. 66.

[88] Siegfried MORENZ, *Egyptian Religion*, London, Methuen and Co ltd, 1976, p. 175; Philippe DERCHAIN, *Rituel pour la conservation de la vie en Egypte*, Bruxelles, Académie royale de Belgique, Mémoire n° 1784, Classe des lettres, tome LVIII, fasc. I a, 1965. p. 4, note 3; Alexandre PIANKOFF, *la création du disque solaire*, *IFAO*, bibli. 2 tomes 19, p. 7.

[89] Jan ASSMANN, *Maat, l'Egypte pharaonique et l'idée de justice sociale*, op. cit., p. 17.

[90] Siegfried MORENZ, *Egyptian Religion*, London, Methuen and Co litd, 1976, p. 175 sur l'interpénétration science/religion; p. 175 sur l'esprit scientifique des Egyptiens exposé dans un langage mythique.

[91] Philippe DERCHAIN, *Le papyrus Salt 825 (BM 10051) rituel pour la conservation de la vie en Egypte*, Bruxelles, Académie royale de Belgique, Mémoire n° 1784, Classe des lettres, tome LVIII, fasc. 1 a, 1965

[92] Philippe DERCHAIN, *Le papyrus Salt* 825 (BM 10051); op. cit., p. 4, note 3: Alexandre PIANKOFF, *La création du disque solaire*, IFAO, bibli. 2, tome 19, p. 1.

[93] Philippe DERCHAIN, *Le papyrus Salt 825 (BM 10051)*; op. cit., p. 4, note 3: Alexandre PIANKOFF, *la création du disque solaire*, IFAO, bibli. 2, tome 19, p. 7.

[94] Philippe DERCHAIN, *Le papyrus Salt 825 (BM 10051)*; op. cit., p. 4, *cf.* aussi p. 6.

[95] Après avoir expliqué comme ses collègues que les rituels égyptiens sont des procédés d'échange énergétique entre les dieux et les pharaons ou le roi, qui entretiennent la circulation de la vie.

[96] Philippe DERCHAIN, *Le papyrus Salt 825 (BM 10051)*; op. cit., p. 4, *cf.* aussi p. 14 qu'il cite, note 37: pour une interprétation analogue du temple égyptien, *cf.* SAUNERON, POSERNER, YOYOTTE, dict. Civ. eg., 1961, 282-283.

[97] Jean-Claude GOYON, *Maat et Pharaon ou de destin de l'Egypte antique*, Lyon, Editions ACV, 1998, p. 89.

[98] Philippe DERCHAIN, *Le papyrus Salt 825 (BM 10051)*; op. cit., p. 9.

[99] Paul HUVELIN, *Les tablettes magiques et le droit romain*, Macon, Protat Frères, 1901, p. 13. Sur la différence entre notre religiosité moderne et celle beaucoup plus pratique des anciens, *cf.* T. W. POTTER, *Roman Britain*, London, Bristish Museum Press, 1997, p. 74-75.

[100] Philippe DERCHAIN, *Le papyrus Salt 825;* op. cit., p. 17.

[101] Jean-Claude GOYON, *Maat et Pharaon ou de destin de l'Egypte antique*, Lyon, Editions ACV, 1998, p. 92.

[102] Dont les vestiges datent tous de l'époque ptolémaïque selon Monsieur Philippe DERCHAIN.

[103] Philippe DERCHAIN, *Le papyrus Salt 825; op. cit.,* p. 19.

[104] Karl Gustav JUNG, *L'énergétique psychique,* Genève, Georg éditeur S.A., 1987.

[105] Il est intéressant de comparer ici avec l'acupunture chinoise, dont le but est de restaurer une bonne circulation énergétique dans le corps humain. L'acupuncture replace aussi l'être humain dans sa dimension cosmique. *Cf.* Docteur TRAN TIEN CHANH, *L'acupuncture et le Tao,* Meudon, Editions Partage, 1988, p. 94.

[106] Claire LALOUETTE, *Textes sacrés et Textes profanes de l'Ancienne Egypte,* tome I, *Des Pharaons et des Hommes, op. cit.,* p. 270 "Le livre des morts est le grand rituel funéraire, commun à tous les Egyptiens, à partir du Nouvel Empire (vers 1580 av. J.C.). Ces *Formules pour monter dans le jour* (titre égyptien) rassemblent aussi incantations, formules, procédés pour survivre; elles sont le viatique indispensable de tout aspirant à l'au-delà."

[107] Guy RACHET, *Le livre des morts des anciens Egyptiens, op. cit.,* p. 44.

[108] Jean YOYOTTE, "Le jugement des morts selon l'Egypte ancienne", Paris, *Sources Orientales,* IV, 1961, p. 17.

[109] Jean YOYOTTE, "Le jugement des morts selon l'Egypte ancienne", *op. cit.,* p. 44 et ss.

[110] Jean YOYOTTE, "Le jugement des morts selon l'Egypte ancienne", *op. cit.,* p 45.

[111] Henri FRANKFORT, *Ancient Egyptian Religion, op. cit.,* pp 112, 116-11.

[112] Etienne DRIOTON, "Le jugement des âmes dans l'Egypte ancienne", Revue du Caire, 1949, p. 1-20, p. 19.

[113] Etienne. DRIOTON, "Le jugement des âmes dans l'Egypte ancienne", *op. cit.,* p. 19, p. 9.

[114] YOYOTTE Jean, "Le jugement des morts selon l'Egypte ancienne", *op. cit.,* p. 17-71, p 44-45.

[115] Jean YOYOTTE, "Le jugement des morts selon l'Egypte ancienne", *op. cit.,* p. 45.

[116] Sur l'écriture égyptienne *cf.* ERIK HORNUNG, *op. cit.,* p. 18. Comp. avec l'ancienne Rome où l'écriture était aussi sacrée: Paul HUVELIN, *op. cit.,* p. 11.

[117] *Cf.* Emile AMELINEAU, *La morale égyptienne quinze siècles avant notre ère, Etude sur le papyrus de Boulaq n° 4,* Paris, Editions Ernest Leroux, 1892, p. XVIII: qui doute de la valeur des connaissances que les Grecs ont recueillies en Egypte étant donné que (il cite Clément d'Alexandrie) "Les Egyptiens, dit-il, ne révélaient pas leurs mystères à toute sorte de personnes et ne portaient point la connaissance des choses divines aux profanes, mais à ceux seulement qui devaient parvenir au trône et à ceux d'entre les prêtres les plus distingués par l'éducation, la science et la naissance" (Cle. Alexadr. Stramates, v. 566)"; et plus loin p. XIX: à propos de tout ce qui était caché au profane il écrit: "A la vérité, Clément d'Alexandrie parle ici des mystères et des choses divines; mais il faut se rappeler que tout ce qui sortait de l'ordinaire était regardé comme divin, et surtout qu'au commencement de la civilisation, les prêtres avaient grand soin de garder soigneusement cachés leurs rites et leurs cérémonies, afin de mieux tenir le peuple en haleine. Par conséquent ce n'est pas chez les auteurs grecs qu'il faut chercher des renseignements précis et certains sur ce que nous nommons aujourd'hui la morale."

[118] C'était aussi le cas des sculpteurs, Alexandre MORET, *Le Nil et la civilisation égyptienne,* Paris, La Renaissance du livre, 1926, p. 422 et aussi 498 et ss. D'ailleurs même dans la société égyptienne il a fallu attendre la révolution du peuple pour que les mystères du culte d'Osiris soient dévoilés et que la plèbe puisse elle-aussi accéder aux rites de la momification. Les connaissances n'étaient réservées qu'à une très faible partie de la population, à certaines personnes et même pas à tous les prêtres.

[119] Comme le soulignait avec beaucoup de lucidité et de réalisme Emile AMELINEAU, les textes tels que le Livre des Morts des Anciens Egyptiens, qu'il a rebaptisé avec humour "le livre des épouvantements" laissent apparaître de façon claire quels étaient les intérêts des prêtres de l'époque vis-à-vis de leur "clientèle".

[120] Jan ASSMANN, *Maat, l'Egypte pharaonique et l'idée de justice sociale,* Conférences essais et leçons du Collège de France, Paris, Julliard, 1989, p. 28.

[121] Jean YOYOTTE, "Le jugement des morts selon l'Egypte ancienne", *op. cit.,* 1961, p 12.

[122] Erik HORNUNG, *L'esprit du temps des pharaons, op. cit.,* p. 9.
[123] Erik HORNUNG, *L'esprit du temps des pharaons, op. cit.,* p. 15.
[124] Erik HORNUNG, *L'esprit du temps des pharaons, op. cit.,* p. 16.
[125] Erik HORNUNG, *L'esprit du temps des pharaons, op. cit.,* p. 18.
[126] Erik HORNUNG, *L'esprit du temps des pharaons, op. cit.,* p. 31.
[127] Erik HORNUNG, *L'esprit du temps des pharaons, op. cit.,* p. 135. Cependant, nous ne pouvons qu'approuver son analyse d'un des signes hiéroglyphiques utilisés pour écrire Maat et qui représente "un socle taillé en biseau sur lequel, par exemple, est posé le trône des divinités." dont il déduit que "Maat est ce qui constitue le fondement de l'équilibre du monde créé, la base sur laquelle repose toute vie cosmique et sociale" (l'un des signes qui représente Maat: ▱).
[128] Alexandre MORET, *Le Nil et la civilisation égyptienne,* Paris, La Renaissance du livre, 1926, p. 299.
[129] Alexandre MORET, "La doctrine de Maat", *Revue d'Egyptologie,* tome 4, Imprimerie de l'Institut français d'Archéologie Orientale, Le Caire, 1940, p. 1-14.
[130] Alexandre MORET, "Le jugement des morts, en Egypte et hors d'Egypte", Paris, Annales du Musée GUIMET, tome XXXII, p. 255-287, p. 257.
[131] Siegfried MORENZ, *Egyptian Religion,* London, Methuen and Co ltd, 1976.
[132] Traduit de l'anglais: "measure of judgement upon men".
[133] Siegfried MORENZ, *Egyptian Religion,* London, Methuen and Co ltd, 1976, p. 131.
[134] Siegfried MORENZ, *Egyptian Religion,* London, Methuen and Co ltd, 1976, p. 130.
[135] Siegfried MORENZ, *Egyptian Religion,* London, Methuen and Co ltd, 1976, p. 126-127, traduit de l'anglais: "Here the vignettes accompanying the text (the details of which vary) show that the dead man's heart, deemed to be the seat of the intellect and will as well as the life giving centre of the physical body, is weighed against the symbol of Maat (usually depicted as a feather), which serves as an

ethical standard. Anubis.... is master of the balance, and is in control of the pointer; the scribe Thoth records the verdict and announces it. If the verdict should be unfavourable, the sinner falls victim to 'the devourer'.... a hybrid monster...".

[136] Etienne DRIOTON, "Le jugement des âmes dans l'Egypte ancienne", Revue du Caire, 1949, p. 1-2.

[137] Comp. avec Henri FRANKFORT, *op. cit.,* qui écrit, p. 118: les 42 juges sont un obstacle supplémentaire rajouté par la suite: "The forty-two judges of the late funerary papyri belong to an entirely different order of thought. They are simply another obstacle to be passed. Like those other dangers and obstructions which we have discussed, they were created by fear, assisted, in this case, by an uneasy conscience." (Les 42 juges des papyri funéraires tardifs appartiennent à un mode de pensée totalement différent. Ils constituent simplement un obstacle supplémentaire à surmonter. Comme tous les autres dangers et obstacles dont nous avons discuté, ils sont le résultat de la peur, alliée dans cette circonstance à une conscience qui n'est pas tranquille.)

[138] Jean YOYOTTE, "Le jugement des morts selon l'Egypte ancienne", Paris, Sources Orientales, IV, 1961, p. 46.

[139] Jan ASSMANN, *Maat, l'Egypte pharaonique et l'idée de justice sociale*, Conférences essais et leçons du Collège de France, Paris, Julliard, 1989.

[140] Jan ASSMANN, *Maat, l'Egypte pharaonique et l'idée de justice sociale, op. cit.,* p. 72.

[141] Le Ba est généralement considéré comme l'âme du défunt qui est libre de circuler dans les airs et sur la terre. Elle était d'abord représentée par un oiseau noir puis plus tard elle a été représentée par un oiseau à tête humaine. Cette âme peut se mouvoir et agir à distance du corps qu'elle anime et dont elle possède les caractéristiques. *Cf.* sur ce sujet: Guy RACHET, *Le livre des morts des anciens Egyptiens, op. cit.,* p. 21; Alexandre MORET, *Le Nil et la civilisation égyptienne*, Paris, La Renaissance du livre, 1926, p. 418 et p. 422.

[142] Jan ASSMANN, *Maat, l'Egypte pharaonique et l'idée de justice sociale, op. cit.,* p. 72.

[143] Jan ASSMANN, *Maat, l'Egypte pharaonique et l'idée de justice sociale, op. cit.,* p. 73.

[144] Jan ASSMANN, *Maat, l'Egypte pharaonique et l'idée de justice sociale, op. cit.*, p. 73.
[145] Jan ASSMANN, *Maat, l'Egypte pharaonique et l'idée de justice sociale, op. cit.*, p. 80.
[146] Jan ASSMANN, *Maat, l'Egypte pharaonique et l'idée de justice sociale, op. cit.*, p. 81.
[147] Jan ASSMANN, *Maat, l'Egypte pharaonique et l'idée de justice sociale, op. cit.*, p. 82-83.
[148] Erik HORNUNG, *L'esprit du temps des pharaons*, op. cit., p. 58.
[149] Erik HORNUNG, *L'esprit du temps des pharaons, op. cit.*, p. 57.
[150] Même si à la fin de la civilisation égyptienne, ces concepts ont pu voir le jour.
[151] "L'homme de l'Oasis", appelé aussi "les neuf palabres du paysan volé"", *op. cit.*, p. 203: "....que ta langue soit exacte..". "Non, ne dis pas de mensonges, car tu dois être une balance."
[152] "L'homme de l'Oasis", traduction de Claire LALOUETTE, *op. cit.*, p. 204: "Ne dis pas de mensonges, car tu es un homme important. Ne sois pas léger, car tu es un homme de poids. Non, ne dis pas de mensonges, car tu dois être une balance. Ne sois pas brouillon, car tu dois être la rectitude."
[153] Henri FRANKFORT, *Ancient Egyptian Religion, op. cit.*, p 117-121.
[154] *Ibid.*, p. 118.
[155] *Ibid.*, p 118-119.
[156] *Ibid*, p. 121. Traduit de l'anglais: "It is no wonder that those who approach Egyptian religion from such adaptations, and take their stand on texts written for the least thoughtful section of the population, reach the conclusion that the Egyptian beliefs concerning afterflife do not make sense. But they act like a man who would gauge our present knowledge of the stars by studying horoscopes in the newspapers. "
[157] Sur le rôle des couleurs en Egypte, *cf.* Erik HORNUNG, *op. cit.*, p. 15. Le blanc est aussi la couleur de la lumière solaire, *cf.* Claire LALOUETTE, *Textes sacrés et Textes profanes de l'Ancienne Egypte*, tome II: Mythes, contes et poésies, *op. cit.*, note p. 290.

[158] Anubis: dieu des nécropoles auquel on attribue l'invention de la momification, *cf.* Guy RACHET, *Le livre des morts des anciens Egyptiens*, *op. cit.*, p. 226.

[159] La croix Ankh est le symbole de la vie. ☥ représentation extraite de l'ouvrage d'Hilary WILSON, op. cit., p. 46.

[160] Cet animal est sensé dévorer l'âme du défunt jugé coupable et lui infliger ainsi une seconde mort.

[161] C'est le dieu des scribes et des connaissances magiques. Assimilé par les Grecs à Hermès. *Cf.* Guy RACHET, *Le livre des morts des anciens Egyptiens*, *op. cit.*, p. 243.

[162] Malgré la magie qui sera de plus en plus utilisée, comme l'atteste la littérature mortuaire, pour "forcer" le passage.

[163] Il s'agit du Dieu Horus, à tête de faucon.

[164] Tantôt c'est Rê ou Thot qui coiffe la balance; tantôt c'est une statuette de Maat, tenant la croix Ankh, au lieu d'une plume; tantôt le vase représentant le coeur est remplacé par le dessin d'une tête humaine. Par ailleurs, les 42 "juges" ou "assesseurs" ou "dieux" par exemple auraient été ajoutés à une époque plus tardive et les égyptologues ne sont pas unanimes sur le rôle qu'ils étaient sensés jouer. *Cf.* Jean YOYOTTE, "Le jugement des morts selon l'Egypte ancienne", *op. cit.,* p. 59: "Au rebours de ce que l'on écrit par habitude, les 42 ne sont pas des 'juges', ni même des 'assesseurs'"...."Ce ministère public de cauchemar est d'origine obscure."; Henri FRANKFORT, *op. cit.*, p. 118.

[165] Qui semble avoir deux oreilles et une bouche à l'envers, Selon G. RACHET, Guy RACHET, *Le livre des morts des anciens Egyptiens*, Editions du Rocher, 1996, p. 27: "4 vases canopes recevaient les viscères: foie, poumons, intestins et estomac, tandis que le coeur restait dans la poitrine de la momie"; et p. 117: "le coeur était parfois remplacé par un scarabée portant la formule appropriée sur le coeur."

[166] Quelques auteurs ont attribué un objectif magique à cette représentation de l'équilibre, montrer l'équilibre serait un processus magique permettant aux anciens Egyptiens de réaliser l'équilibre voulu pour passer sans encombre dans l'au-delà. C'est le cas d'Erik HORNUNG, tandis que Jan ASSMANN y voit une initiation.

[167] Sur lequel les égyptologues et surtout les historiens des religions n'ont pu s'empêcher de projeter notre vision de l'éthique, de la morale et de la conscience.

[168] Sur le caractère concret du vocabulaire égyptien, *cf.* Pierre GRIMAL, préface à l'ouvrage de Claire LALOUETTE, *Textes sacrés et Textes profanes de l'Ancienne Egypte*, tome I, *Des Pharaons et des Hommes*, *op. cit.*, p. 15; *cf* aussi le texte "L'homme de l'Oasis", traduction de Claire LALOUETTE, *op. cit.*, tome I, p 206, même texte p. 201.

[169] Dans un passage cité par Alexandre MORET, il est écrit en hiéroglyphes que le Dieu Thot est le "fécondateur de Mâït", cette expression est rendue on ne peut plus concrète par l'introduction dans la série de hiéroglyphes du dessin d'un phallus dont coule le sperme. Alexandre MORET, *Le rituel du culte divin journalier en Egypte*, Paris, Ernest Leroux, 1902, p. 139

"Ailleurs, Thot est appelé le 'fécondateur Mâït" (Todtenbuch, CXLI, 14).

[170] C'est aussi l'avis d'Irene SHIRUN-GRUMACH, "Remarks on the Goddess MAAT", *op. cit.*, 173-201: *cf.* p. 173.

[171] *Cf.* Claire LALOUETTE, *Textes sacrés et Textes profanes de l'Ancienne Egypte, tome II: Mythes, contes et poésies, op. cit.*, p. 161 et aussi note p. 290.

[172] Sur le symbole de la balance: *cf.* Jean CHEVALIER, Alain GHEERBRANT, *Dictionnaire des symboles*, Paris, Laffont, Collection Bouquins, 1982, p. 98.

[173] Henri FRANKFORT, *Ancient Egyptian Religion, op. cit.*, p. 118-119.

[174] Les textes des confessions sont souvent obscurs pour nos esprits modernes.

[175] *Cf.* Claire LALOUETTE, *Textes sacrés et Textes profanes de l'Ancienne Egypte*, tome I, *op. cit.*, Gallimard/Unesco, note 10: "Puisse-t-il vivre, être en bonne santé et prospérer" (habituellement abrégé en "Vie-Santé-Force") est un souhait placé après chaque nom royal ou chaque élément de la personne ou de l'entourage royal."

[176] Jan ASSMANN, *Maat, l'Egypte pharaonique et l'idée de justice sociale*, Conférences essais et leçons du Collège de France, Paris, Julliard, 1989, p. 13.
[177] Erik HORNUNG, *L'esprit du temps des pharaons*, Hachette, collection Pluriel, 1996, p. 137.
[178] C'est-à-dire le social, le religieux, le cosmique, etc...
[179] Guy RACHET, *Le livre des morts des anciens Égyptiens*, op. cit., p. 153.
[180] Guy RACHET, *Le livre des morts des anciens Égyptiens*, op. cit., p. 153.
[181] Alexandre MORET, *Le Nil et la civilisation égyptienne*, Paris, La Renaissance du livre, 1926, p. 84-85. *Cf.* à propos des textes des pyramides: Claire LALOUETTE, *Textes sacrés et Textes profanes de l'Ancienne Egypte*, tome I, *op. cit., p.* 142 qui écrit: "Ces textes, composés pour le roi, témoignent d'une réflexion sur l'origine et le maintien de l'univers, suivant une pensée religieuse déjà très élaborée, dont les sources sont bien lointaines et actuellement insaisissables." *Cf.* Pierre GRIMAL, dans la préface de l'ouvrage de Claire LALOUETTE, *Textes sacrés et Textes profanes de l'Ancienne Egypte, tome II op. cit.*, p. 8: "Tous ces textes, sacrés et profanes, sont d'époques fort diverses, mais la date objective de chacun d'eux importe moins que la durée de la tradition dont ils portent témoignage. Certaines versions sont relativement récentes (d'époque ptolémaïque ou romaine), mais leur contenu peut remonter (et remonte effectivement) à une date très ancienne."
[182] *Cf.* Claire LALOUETTE, *Textes sacrés et Textes profanes de l'Ancienne Egypte*, tome I: *op. cit.*, p. 142; p. 192; p. 266 et Claire LALOUETTE, *Textes sacrés et Textes profanes de l'Ancienne Egypte, tome II op. cit.*, p. 34; p. 36; p. 125; p. 173.
[183] Par exemple pour le texte sur la satire des métiers, *cf.* traduction de Claire LALOUETTE, *Textes sacrés et Textes profanes de l'Ancienne Egypte*, tome I, op. cit., p. 192; et pour les textes des sarcophages traduction du même auteur *op. cit.*, p. 266.
[184] Guy RACHET, *Le livre des morts des anciens Égyptiens*, op. cit., p. 7, p. 41 sur les textes des pyramides.
[185] Henri FRANKFORT, *Ancient Egyptian Religion, an interpretation, op. cit.*, p. 117.

[186] Pierre GRIMAL, préface à l'ouvrage de Claire LALOUETTE, Textes sacrés et textes profanes, tome II, *op. cit.*, p. 8.
[187] Guy RACHET, *op. cit.*, p. 141.
[188] Selon la traduction de Claire LALOUETTE, *Textes sacrés et Textes profanes de l'Ancienne Egypte*, tome I, *op. cit.*, p. 84.
[189] Guy RACHET, *op. cit.*, p. 174: "Je suis le maître de la lumière." et p. 180.
[190] Guy RACHET, *op. cit.*, p. 162.
[191] *Cf.* "L'homme de l'Oasis", traduction de Claire LALOUETTE, *Textes sacrés et Textes profanes de l'Ancienne Egypte*, tome I, *op. cit.*, p. 203.
[192] Sur "righteous", droit, conformité à Maat qui entraîne la joie: Henri FRANKFORT, *Ancient Egyptian Religion, an interpretation, op. cit.*, p. 72; *cf.* Siegfried MORENZ, Egyptian Religion, London, *op. cit.*, et p. 113-116 sur la notion de "droit" comme aspect physique.
[193] Claire LALOUETTE, *Textes sacrés et Textes profanes de l'Ancienne Egypte*, tome II, *op. cit.*, p. 32.
[194] Guy RACHET, *op. cit.*, p. 173-174 et p. 173: "J'ai en horreur le chaos, je ne le regarde pas, je ne me soucie que de Maat, je vis en elle..."
[195] Sur Maat et Isfet, *cf.* Myriam LICHTHEIM, *op. cit.*, p. 18.
[196] Erik HORNUNG, *L'esprit du temps des pharaons*, *op. cit.*, p. 136.
[197] Jean YOYOTTE, "Le jugement des morts selon l'Egypte ancienne", *op. cit.*, 1961, p. 21.
[198] Jean YOYOTTE, "La pensée préphilosophique en Egypte", *op. cit.*, p. 1-23; p. 11.
[199] Henri FRANKFORT, *Ancient Egyptian Religion, an interpretation op. cit.*, p. 132.
[200] Erik HORNUNG, *L'esprit du temps des pharaons*, *op. cit.*, p. 99. Comparer avec "La prophétie de Neferty", traduite par Claire LALOUETTE, *Textes sacrés et Textes profanes de l'Ancienne Egypte*, tome I, *op. cit.*, p. 71: "Le disque solaire, voilé, ne brillera plus pour que le peuple puisse voir; on ne pourra pas vivre si les nuages (le) recouvrent; et, privés de lui, tous les hommes seront sourds."

[201] Erik HORNUNG, *L'esprit du temps des pharaons*, *op. cit.*, p. 139.
[202] Claire LALOUETTE, *Textes sacrés et Textes profanes de l'Ancienne Egypte*, tome II, *op. cit.*, p. 142.
[203] Guy RACHET, *op. cit.*, p. 145: "Chapitre xv (suite) PLANCHE 20: Salut à l'Osiris Ani, justifié en paix, qu'il dise: hommage à toi qui te lèves sur l'horizon comme Rê, rendu stable par Maat !"
[204] Guy RACHET, *op. cit.*, p. 151.
[205] Guy RACHET, *op. cit.*, p. 149.
[206] Guy RACHET, *op. cit.*, p. 151.
[207] Guy RACHET, *op. cit*, p. 141.
[208] Guy RACHET, *op. cit.*, p. 120: "Chapitre XXIX: "Es-tu venu pour mon coeur, celui par qui je vis?" et p. 155: "l'Osiris Ani justifié, vivant de coeur..."
[209] "L'art de Vivre du Vizir PTAHHOTEP", traduction de Claire LALOUETTE, *Textes sacrés et Textes profanes de l'Ancienne Egypte*, tome I, *op. cit.*, p. 241 pour un exemple de mauvaise écoute du coeur et son résultat.
[210] *Cf.* "Les deux serpents du rêve de TANOUTAMON et la conquête de l'Egypte", traduction de Claire LALOUETTE, *Textes sacrés et Textes profanes de l'Ancienne Egypte*, tome I, *op. cit.*, p. 42.
[211] L'art de Vivre du Vizir PTAHHOTEP", traduction de Claire LALOUETTE, *Textes sacrés et Textes profanes de l'Ancienne Egypte*, tome I, *op. cit.*, p. 239.
[212] *Cf.* "le Grand-prêtre PETOSIRIS et sa famille (vers 360 av. JC)", traduction de Claire LALOUETTE, *Textes sacrés et Textes profanes de l'Ancienne Egypte*, tome I, *op. cit.*, p 262: "Il est bon le chemin de celui qui obéit à Dieu; c'est un homme béni l'homme qui le suit, son coeur tourné vers lui."; *cf.* sur le coeur comme guide, Myriam LICHTHEIM, *op. cit.*, p. 53.
[213] "L'art de Vivre du Vizir PTAHHOTEP", traduction de Claire LALOUETTE, *Textes sacrés et Textes profanes de l'Ancienne Egypte*, tome I, *op. cit.*, p. 236; et tome 2 du même ouvrage, à propos du coeur du soleil qui est las: p 49.
[214] "L'instruction royaliste de SEHETEPIBRE", dans ce texte le Roi est substitué au soleil traduction de Claire LALOUETTE, *Textes*

sacrés et Textes profanes de l'Ancienne Egypte, tome I, op. cit., p. 75.

[215] *Cf.* " Les chants du désespéré, XIIE Dynastie, dialogue entre l'homme et son ba", traduction de Claire LALOUETTE, *Textes sacrés et Textes profanes de l'Ancienne Egypte*, tome I, *op. cit.*, p. 222, sur le coeur du Ba.

[216] Guy RACHET, *op. cit.*, p. 61.

[217] *Cf.* "L'enseignement du roi AMENEMHAT I à son fils SESOSTRIS " traduction de Claire LALOUETTE, *Textes sacrés et Textes profanes de l'Ancienne Egypte*, tome I, *op. cit.*, p. 57 et p. 58.

[218] *Cf.* "Les lamentations d'IPOU-OUR", traduction de Claire LALOUETTE, *Textes sacrés et Textes profanes de l'Ancienne Egypte*, tome I, *op. cit.*, p 215.

[219] *Cf.* l'ouvrage entièrement consacré à ce sujet et reproduisant les écritures hiéroglyphiques des passages cités: Alexandre PIANKOFF, *Le "coeur" dans les textes égyptiens*, Paris, Librairie Paul Geuthner, 1930.

[220] Guy RACHET, *op. cit.*, p. 61.

[221] Guy RACHET, *op. cit.*, p. 118.

[222] Comparer cependant avec une traduction différente qui révèle les incertitudes et difficultés de traduction de la langue égyptienne: traduction de Claire LALOUETTE, *Textes sacrés et Textes profanes de l'Ancienne Egypte*, tome I, *op. cit.*, p. 271: "Il dira: 'O mon coeur qui me vient de ma mère, ô mon coeur qui me vient de ma mère, ô mon coeur attaché à mes transformations'..." l'auteur précise dans sa note n°132, p. 342: "traduction littérale 'qui appartient à ma mère'".

[223] Guy RACHET, op. cit., p. 141: ici il est clair que c'est l'interprétation littérale que n'a pas voulu retenir l'auteur qui est celle qui se révèle la plus exacte dans le contexte égyptien. Comparer avec la traduction d'un autre texte par Myriam LICHTHEIM, *op. cit.*, p. 63: "I worship you, your beauty in my eyes, your rays touching my chest, I raise up Maat to your majesty daily (Urk. VI, 2097-2098). (je te vénère, tes beautés dans mes yeux, tes rayons touchant ma poitrine, j'élève Maat chaque jours vers ta majesté.)

[224] "Le décret d'HOREMHEB 1340 av JC", traduction de Claire LALOUETTE, *Textes sacrés et Textes profanes de l'Ancienne Egypte*, tome I, *Des Pharaons et des Hommes*, op. *cit.*, p 83.

[225] Nili SHUPAK, "Some idioms connected with the concept of "heart" in Egypt and the Bible", *Pharaonic Egypt, the Bible and Chritianity*, Jerusalem, ed. S. Israelit-Groll, the Magnes Press, The Hebrew University, 1985, 202-212, et p. 203 sur le lien entre l'oreille et le coeur.

[226] Guy RACHET, *op. cit.,* p. 108.

[227] Erik HORNUNG, op. *cit.,* p. 134.

[228] "La prophétie de Neferty", traduction de Claire LALOUETTE, *Textes sacrés et Textes profanes de l'Ancienne Egypte*, tome I, *op. cit.,* p. 71.

[229] Guy RACHET, *op. cit.,* p. 141; 149; *cf.* aussi: "Textes sculptés sur les parois d'une des chapelles de TOUTANKHAMON qui régna vers 1350 av. J,-C " traduction par Claire LALOUETTE, textes sacrés, tome I, *op. cit.,*. p 155 et traduction par le même auteur, même livre p. 179: "Les exploits valeureux du commandant AMENEMHEB (vers 1480- 1440 av. J.-C.)".

[230] Qui ne fait que mettre en oeuvre un principe de passage/non passage d'une énergie (électrique) à travers une matière.

[231] Guy RACHET, *op. cit.,* p. 162-163; *cf.* aussi: "Les enseignements de PTAHOTEP", traduction de Claire LALOUETTE, *Textes sacrés et Textes profanes de l'Ancienne Egypte*, tome I, *op. cit.,* p. 265 où nous apprenons que "La force disparaît car le coeur est las".

[232] Guy RACHET, *op. cit.* p. 161.

[233] Guy RACHET, *op. cit.,* p. 161.

[234] Paroles de l'Osiris-Ani, *cf. Guy RACHET, op. cit.,* p. 61.

[235] "La réception officielle du vizir REKHMIRÊ (vers 1470 av. J.-C.)", traduction de Claire LALOUETTE, *Textes sacrés et Textes profanes de l'Ancienne Egypte*, tome I, *op. cit.,* p. 183.

[236] "La satire des métiers", traduction de Claire LALOUETTE, *Textes sacrés et Textes profanes de l'Ancienne Egypte*, tome I, *op. cit.,* p. 197: "Ne dis pas de mensonges contre ta mère, c'est l'abomination des grands."; *cf.* aussi "L'homme de l'Oasis", appelé aussi "Les neuf palabres du paysan volé", traduction du même auteur, même livre, p. 203: "...que ta langue soit exacte, ne t'égare pas, car l'une des parties de son corps peut être un serpent pour l'homme; ne dis donc pas de mensonges."; et même texte p. 204: "Ne dis pas de mensonges, car tu es un homme important. Ne sois pas léger, car tu

es un homme de poids. Non, ne dis pas de mensonges, car tu dois être une balance. Ne sois pas brouillon, car tu dois être la rectitude."; "L'enseignement du scribe Ani", (début du nouvel empire); traduction du même auteur, même livre, p. 255: "Quant à celui qui enfreint (la vérité) en mentant, (comme) c'est Dieu qui dépêche la vérité et la justice, son destin viendra et se saisira de lui."

[237] *Cf.* PIERRET, Etudes égyptologiques, II, p. 94 ss.: "Qui dit vérité dit conformité de l'idée avec son objet, dont le contraire est l'erreur; conformité de ce qu'on dit avec ce qu'on pense, dont le contraire est le mensonge... La conformité se prouve par la comparaison, aussi le mot égyptien a-t-il pour déterminatif et pour idéogramme l'instrument type de la comparaison et de la mesure, la coudée ou règle ⌐⌐⌐ ". Cité par Alexandre MORET, *Le rituel du culte divin journalier en Egypte, op. cit.*, p. 149, note n° 1.

[238] Nous la trouvons dans les *Livres des Morts* au sujet du défunt et dans de nombreux textes au sujet des Rois, *cf.* par exemple: Claire LALOUETTE, *Textes sacrés et Textes profanes de l'Ancienne Egypte*, tome I, *op. cit.*, p. 153 et p. 179.

[239] Claire LALOUETTE, Textes sacrés et Textes profanes de l'Ancienne Egypte, *tome II, op. cit.,* p. 27; p. 28 à propos du coeur et de son fonctionnement avec les sens; p. 28 à propos du fonctionnement des bras, des jambes et mains en relation avec le coeur.

[240] "L'homme de l'Oasis", traduction de Claire LALOUETTE, *Textes sacrés et Textes profanes de l'Ancienne Egypte*, tome I, *op. cit.*, p. 204, 208, 209; *cf.* Myriam LICHTHEIM, *op. cit.*, p. 59 "I abominate rapacity" (J'ai en horreur l'avidité) et p. 61: "I am truly straight, free of greed." (Je suis vraiment droit, exempt d'avidité).

[241] Sur l'idée qu'il n'y a pas de péché mais seulement fonctionnement aberrant qu'il est possible de corriger: *cf.* Henri FRANKFORT, *Ancient Egyptian Religion, op. cit.*, p. 73.

[242] Claire LALOUETTE, *Textes sacrés et Textes profanes de l'Ancienne Egypte*, tome I, *op. cit.*, p. 210, ici l'égyptologue a traduit "Maat" par "Justice".

[243] Sur l'expression "manger son coeur" *cf.* papyrus d'Ani, traduit par Guy RACHET, *op. cit.*, p. 193.

[244] "L'homme de l'Oasis", traduction de Claire LALOUETTE, *Textes sacrés et Textes profanes de l'Ancienne Egypte*, tome I, *op. cit.*, p. 204.

245 "L'homme de l'Oasis", traduction de Claire LALOUETTE, *Textes sacrés et Textes profanes de l'Ancienne Egypte*, tome I, *op. cit.*, p 205.

246 "L'instruction royaliste de SEHETEPIBRÊ", traduction de Claire LALOUETTE, *Textes sacrés et Textes profanes de l'Ancienne Egypte*, tome I, *op. cit.*, p 75.

247 Guy RACHET, *op. cit.*, p. 61.

248 Guy RACHET, *op. cit.*, p. 182.

249 "Dialogue entre l'homme et son ba", traduction de Claire LALOUETTE, *Textes sacrés et Textes profanes de l'Ancienne Egypte*, tome I, op. *cit.*, p. 225: "On se tourne vers les étrangers pour (trouver) un coeur droit.."; comp. avec l'opinion de Siegfried MORENZ à propos de la signification du hiéroglyphe Maat: ⌐⌐⌐, Siegfried MORENZ, *Egyptian Religion*, London, Methuen and Co ltd, 1976, p. 113, qui pense au sens géométrique initial du mot "droit" qui aurait eu ensuite une signification éthique.

250 Guy RACHET, *op. cit.*, p. 65.

251 Guy RACHET, *op. cit.*, p. 141.

252 La conception moderne de la religion implique une croyance à des doctrines non expérimentables par chacun. En Egypte chacun peut à travers ses sens et la qualité de son état psychique et physique vérifier le fonctionnement de la Maat.

253 Il est fait état dans de nombreux textes du "rajeunissement corporel", de la prospérité de la vie, de la bonne santé permises par l'énergie solaire; ou de la faiblesse du corps relative à une mauvaise écoute, de la destruction de la vie relative à une mauvaise écoute. Sur tous ces points *cf.* traduction de Claire LALOUETTE, *Textes sacrés et Textes profanes de l'Ancienne Egypte*, tome I, *op. cit.*, p. 241; p. 75; p. 248 et p. 205.

254 *Cf.* "L'enseignement du roi KHETI III à son fils MERIKARÊ", traduction de Claire LALOUETTE, *Textes sacrés et Textes profanes de l'Ancienne Egypte*, tome I, *op. cit.*, p. 52.

255 Guy RACHET, *op. cit.*, p. 86.

256 On dit aussi qu'elle est liée à la libre circulation de l'eau du Nil, lors des crues. Mais ces crues ne sont-elles pas elles aussi dues à l'ordre cosmique, notamment c'est l'étoile Sirius qui annonce la crue en Egypte. Sur le phénomène cosmique annonçant la crue du Nil *cf.*

Hilary WILSON, *Understanding Hieroglyphs*, London, Brockhampton Press, 1999, p. 174.

[257] Irene SHIRUN-GRUMACH, "Remarks on the Goddess MAAT", *op. cit.,* p. 173 sur la plume, Maat et la lumière.

[258] Traduction de Claire LALOUETTE, *Textes sacrés et Textes profanes de l'Ancienne Egypte*, tome I, *op. cit.,* p. 29, et note 10; *cf.* aussi même ouvrage: p. 29, p. 33, p. 67, p. 239, p. 258, et p. 75: "Enseignements à MERIKARE": "...le roi doit être le seigneur de la joie.". *Cf.* aussi Myriam LICHTHEIM, *op. cit.,* p. 27 "Life, prosperity, health !" (Vie, prospérité, santé !).

[259] C'est le soleil.

[260] Claire LALOUETTE, *Textes sacrés et Textes profanes de l'Ancienne Egypte, tome II, op. cit.,* p. 32.

[261] Pour un exemple de l'écoute de Maat: *cf.* Myriam LICHTHEIM, *op. cit.,* p. 35 "I am a hearer who hears the truth, I am exact like the balance, truly straight like Thoth." (Je suis un auditeur qui écoute la vérité, je suis exact comme la balance, vraiment droit comme Thoth.). Sur le fait de remplir les oreilles de Maat: *cf.* Myriam LICHTHEIM, *op. cit.,* p. 50 "who fills the ears of Horus with truth." (qui remplit de Maat les oreilles d'Horus).

[262] Ici le traducteur a noté entre parenthèse (Maat), car cela correspond à la traduction littérale, c'est cette dernière, bien entendu qu'il est beaucoup plus utile de retenir en définitive.

[263] Guy RACHET, *op. cit.,* p. 61.

[264] Claire LALOUETTE, *Textes sacrés et Textes profanes de l'Ancienne Egypte*, tome I, *op. cit.,* p. 37 (stabilité du soleil), p. 67; p. 92, p. 152, p. 155, p. 184.

[265] Michel VILLEY dans la préface à l'ouvrage d' Emmanuel KANT, *Métaphysique des moeurs, Première partie, Doctrine du Droit*, Paris, Vrin, 1993, p. 23 écrit: "... l'objet véritable de l'art juridique, la *"justice distributive"*: (est) non pas d'apporter une sanction à certaines règles de conduite -ce qui ferait du droit le gendarme de la morale - ni le service des libertés de l'individu, condition de sa moralité; mais plus humblement le partage entre les intérêts des plaideurs. *Suum cuique tribuere* ". Javier HERVADA, *Introduction critique au droit naturel,* Bordeaux, EDITIONS BIERE, 1991, p. 43, 51, 86; *cf.* Aristote, *Ethique à Nicomaque*, traduction J. TRICOT, Paris, VRIN, 1983, 5ème édition, p. 224 et 245-246.

BIBLIOGRAPHIE

AMÉLINEAU Emile, *La morale égyptienne quinze siècles avant notre ère, Etude sur le papyrus de Boulaq n° 4*, Paris, Editions Ernest Leroux, 1892

ASSMANN Jan, *Maât, l'Egypte pharaonique et l'idée de justice sociale*, Conférences essais et leçons du Collège de France, Paris, Julliard, 1989

BICKEL S., *La cosmogonie égyptienne avant le Nouvel Empire*, Fribourg, 1999

BLEEKER Claas Jouco, *De Beteekenis van de Egyptische Godin Ma-a-t*, Leiden, 1929

BLEEKER Claas Jouco, *Egyptians Festivals, Enactments of Religious Renewall*, Leiden, Netherlands, E.J. Brill, 1967

BLEIBERG Edward, *The Official Gift in Ancient Egypt*, Oklahoma, University of Oklahoma Press. 1996

CHAMPOLLION, *L'Egypte de Jean-François CHAMPOLLION*, ouvrage collectif, Paris, Mengès, 1998.

DERCHAIN Philippe, *Le papyrus Salt 825 (BM 10051) rituel pour la conservation de la vie en Egypte*, Bruxelles, Académie royale de Belgique, Mémoire n° 1784, Classe des lettres, tome LVIII, fasc. I a, 1965.

DRIOTON Etienne, "Le jugement des âmes dans l'Egypte ancienne", Revue du Caire, 1949, p. 1-20.

FAULKNER R.O., *The Ancient Egyptian Book of the Dead*, London, British Museum, 1996

FRANKFORT H, FRANKFORT A, WILSON, JACOBSEN AND IRWIN, *The Intellectual Adventure of Ancient Man*, Chicago, University of Chicago Press.,1946

FRANKFORT Henri, *Ancient Egyptian Religion, An Interpretation*, New York, Columbia University Press, 1948

FRANKFORT Henri, *Kingship and the Gods*, Chicago, 1948

GOFF Beatrice L., *Symbols of Ancient Egypt in the Late Period, the Twenty-first Dynasty*, Yale University, Mouton publishers, 1979

GOYON Jean-Claude, *Maât et Pharaon ou de destin de l'Egypte antique*, Lyon, Editions ACV, 1998

GRIMAL Pierre, préface de la traduction de Claire LALOUETTE, *Textes sacrés et Textes profanes de l'Ancienne Egypte*,Tome I, *Des Pharaons et des Hommes*, 1984, Gallimard/Unesco, p. 8 et p. 16

HERODOTE, *L'Enquête*, Livres I à IV, édition d'Andrée BARQUET, Paris, Gallimard, Folio classique, 1964

HORNUNG Erik, *L'esprit du temps des pharaons*, Paris, Hachette, collection Pluriel, 1996

IVERSEN Erik, *The Myth of Egypt and its Hieroglyphs in European Tradition*, Copenhagen, GEC Gad, 1961

LALOUETTE Claire, *Textes sacrés et Textes profanes de l'Ancienne Egypte*, Tome I : *Des Pharaons et des Hommes*, Paris, Gallimard/Unesco, 1984

LALOUETTE Claire, *Textes sacrés et Textes profanes de l'Ancienne Egypte, Tome II : Mythes, contes et poésies*, Paris, Gallimard/Unesco, 1987

LICHTHEIM Myriam, *Maat in Egyptian Autobiographies and Related Studies*, Fribourg, Universitätsverlag Freiburg Schweiz, Vandenthoeck and Ruprecht Göttingen, 1992

MENU Bernadette, "Le tombeau de Pétosiris (2) Maât, Thot et le droit", Paris, BIFAO (Bulletin de l'Institut Français d'Archéologie Orientale), t. 95 (1995), p. 281-295.

MORENZ Siegfried, *Egyptian Religion*, London, Methuen and Co litd, 1976

MORET Alexandre, "La doctrine de Maât", Revue d'Egyptologie, T 4, Imprimerie de l'Institut français d'Archéologie Orientale, Le Caire, 1940, p. 1-14.

MORET Alexandre, "Le jugement des morts, en Egypte et hors d'Egypte", Paris, Annales du Musée GUIMET, tome XXXII, p. 255-287

MORET Alexandre, *Le Nil et la civilisation égyptienne*, Paris, La Renaissance du livre, 1926.

MORET Alexandre, *Rituel du culte divin journalier en Egypte*, Paris, Ernest Leroux, 1902

PIANKOFF Alexandre, *la création du disque solaire*, IFAO, bibl. 2t. 19..

PIANKOFF Alexandre, *Le "coeur" dans les textes égyptiens*, Paris, Librairie Paul Geuthner, 1930

RACHET Guy, *Le livre des morts des anciens Égyptiens*, Paris, Editions du Rocher, 1996

REVILLOUT Eugène, *Les origines égyptiennes du droit civil romain*, Paris, Librairie Paul Geuthner, 1912

SARRAF Joseph, *La notion du droit d'après les Anciens Egyptiens*, Rome, Città del Vaticano, Libreria editrice vaticana,1984, Collana storia e attualità, No 10

SHAW Ian and NICHOLSON Paul, *Dictionary Of Ancient Egypt*, London, British Museum Press, 1995

SHIRUN-GRUMACH Irene, "Remarks on the Goddess MAAT", *Pharaonic Egypt, The Bible And Christianity*, Jerusalem, ed. S. Israelit-Groll, the Magnes Press, The Hebrew University, 1985, 173-201

SHUPAK Nili, "Some idioms connected with the concept of 'heart' in Egypt and the Bible", *Pharaonic Egypt, The Bible And Christianity*, Jerusalem, ed. S. Israelit-Groll, the Magnes Press, The Hebrew University, 1985, 202-212.

TEETER Emily, *The Presentation Of Maat, Ritual And Legitimacy In Ancient Egypt,* Chicago, The University of Chicago, 1997.

WILSON Hilary, *Understanding Hieroglyphs*, London, Brockhampton Press, 1999

YOYOTTE Jean, "La pensée préphilosophique en Egypte", extr. Encyclopédie de la Pléiade, histoire de la philosophie, I, Paris 19.., p1-23.

YOYOTTE Jean, "Le jugement des morts selon l'Egypte ancienne", Paris, Sources Orientales, IV, 1961, p. 17-71.

TABLE DES MATIERES

5 Introduction : L'Egypte, un monde tourné vers la justice

9 **Chapitre 1** : La justice égyptienne à travers l'égyptologie et l'histoire des religions
9   Section 1: Maât (Déesse de la Justice): nourriture des dieux et des hommes
12   Section 2: De la Maât morale à la Maât cosmique: l'évolution des idées en égyptologie et en histoire des religions

33 **Chapitre 2** : Le symbole comme moyen d'accès à un monde pré-logique
34   Section 1: L'Egypte un monde de communication symbolique
39   Section 2: Science et langage symbolique en Egypte

49 **Chapitre 3** : Une approche plus réaliste de la scène mettant en oeuvre la justice égyptienne
50   Section 1: Qu'est-ce que le *Livre des morts des anciens Egyptiens* ?
60   Section 2: La scène de la psychostasie décrite par des égyptologues et des historiens des religions
72   Section 3: Un vrai regard sur l'image

87 **Chapitre 4** : Une justice qui éclaire la civilisation égyptienne
92   Section 1: Qu'est-ce que la Maât, et qu'est ce que son contraire ?
95   Section 2: Les effets positifs de Maât à travers sa circulation
96   Section 3: La circulation de Maât dans la société
102 Section 4: Les entraves à la circulation de Maât
107 Section 5: Toutes les sphères de la vie sont intégrées en Egypte, pourquoi ?
111 Section 6: Maât n'est pas la justice
112 Section 7: Qu'est-ce que la justice égyptienne?

115 Conclusion

117 Notes

141 Bibliographie

147 Table des matières

Nous espérons que ce livre vous a intéressé.

Vous pouvez aussi lire du même auteur :

Justice et Internet, une philosophie du droit pour le monde virtuel, ISBN: 2915495106 (version imprimée) ISBN: 2915495092 (version électronique),

Disponibles sur notre site

Buenos Books International, buenosbooks@aol.com

Ce livre reprend le contenu de celui-ci et explique comment nous pouvons tirer parti de la sagesse de l'ancienne Egypte pour l'Internet.

Si vous souhaitez vous initier au langage symbolique et acquérir la souplesse mentale nécessaire à une meilleure compréhension des anciennes civilisations, lisez aussi du même auteur:

La Signification des rêves

Disponible sur notre site

Buenos Books International, buenosbooks@free.fr

www.ingramcontent.com/pod-product-compliance
Lightning Source LLC
Chambersburg PA
CBHW020805160426
43192CB00006B/447